NUCB **GRADUATE SCHOOL OF MANAGEMENT**
BUSINESS
SCHOOL

ケースメソッドMBA
実況中継｜04

行動経済学

Behavioral Economics

名古屋商科大学
ビジネススクール教授
岩澤 誠一郎

著者まえがき

　本書は名古屋商科大学ビジネススクール（以下名商大ビジネススクール）における、社会人受講生を対象としたBehavioral Economics（行動経済学）の授業（の一部）の記録を基に、加筆・再構成したものです。名商大ビジネススクールの授業はケースメソッド、つまり現実に起きた事例の受講生による討論が基本のスタイルですので、本書においても、その中核をなすのは、行動経済学的な主題を取り扱ったケースの、社会人受講生たちによる討議の記録です。

　行動経済学は、人間の経済活動における、非合理的な意思決定や行動についての研究です。経済活動ですから、多くの場合おカネが絡んでいます。

　おカネが絡む真剣な意思決定において、人間が合理的でない意思決定を行うことがあるのでしょうか？ それがあるのです。本書に収録したケースは、経済活動の重要な場面で、多くの人々が、時に驚くほど非合理的な行動をとっていることを示しています。

　そして読者の多くもまた、そうした非合理的な経済的意思決定と無縁ではないはずです。なぜならば、人間が非合理的な意思決定を行ってしまうとき、そこで働いているのは、人類が進化の早い段階で身につけた古い脳だからです。

　ジャングルで生き抜くために発達した脳は、人間に咄嗟の判断をする能力を授けました。この「速い脳」——本書では「システム1」と呼びます——は、その速く働く性質の故に、慎重で賢明な判断を必要とする経済活動においても、しばしば先んじて動き、我々の意思決定に強い影響を及ぼします。

　本書には、著者が授業中に受講生に与える多数のクイズ——その多くは行動経済学の基礎を築き、後にノーベル経済学賞を受賞することになった

ダニエル・カーネマンらによって作成されたものです――と、そのクイズに受講生たちがどのように回答したのかが記されています。読者の方々は、ぜひそれらのクイズに取り組んでいただき、多くの受講生と同様、皆さんも行動経済学的な非合理性から逃れられないことを確認していただきたいと思います。

　行動経済学がビジネスを学ぶ社会人にとって重要なのは、ビジネスの様々な局面においても人間の非合理性が顔をのぞかせるためです。そのことは、あなたがこれまでに経験してきた上司のことを思い浮かべてみるだけで明らかでしょう。

　一人のビジネスパーソンとして、あなたは上司、部下、取引先、顧客などの方々の非合理性と付き合っていかねばなりません。この中で本書が取り扱うのは、顧客が非合理的な意思決定、判断を行っているケースです。

　顧客が自分自身の経済的な利益を損なうような意思決定、判断を行い、非合理的な行動をとっているというケースは、決して珍しいものではありません。ビジネスはそうした顧客と、どのように付き合うべきでしょうか？本書には、顧客の非合理性に「迎合」し、それを「活用」することで、自社の収益最大化を追求する産業のケースが登場します。それは果たしてビジネスとして望ましいあり方でしょうか？

　一方で本書には、非合理的な顧客を「教育」することで収益を改善しようとする経営者のケースも登場します。この経営者は成功するでしょうか？

　本書で取り扱う6つのケースのうちの、この2つのケースを考えただけでも、問題が簡単なものでないことは明らかでしょう。そして簡単な問題でないからこそ、討議による問題への接近が、我々の思考を刺激し、鍛えてくれるのです。

　読者の方々は、本書のケースを読み、受講生とともにケースを巡る討議に「参加」することで、本書が到達しようとする地平に辿り着いていただきたいと思います。それはビジネスが、顧客とどのような関係を結ぶべきかという問題を巡るものです。

音楽の記録には「スタジオ盤」と「ライブ盤」とがありますが、著者は昔から「ライブ盤」をことのほか好んできました。本書はまさしく、授業の「ライブ盤」です。教員と受講生とが一体となって繰り広げる、ライブ感に溢れる討議の記録を、お楽しみいただければ幸いです。

2020年8月

岩澤誠一郎

CONTENTS

Method
the Case
What is
1

第1章

ケースメソッド
教育とは 竹内伸一 ———————— 013

第2章

行動経済学ケースメソッド 授業ガイダンス

第2講
アンカリング／
顧客のシステム1を知る

Live coverage of Behavioral Economics

第5講

心の会計/顧客のシステム1への迎合とビジネス倫理

QUIZ / REVIEW

CASE 毎月分配型投資信託

DISCUSSION

1

What is the Case Method

ケースメソッド教育とは

竹内伸一

名古屋商科大学ビジネススクール教授
日本ケースセンター 所長

ケースメソッド教育とは

「ケースメソッド（Case Method of Instruction）」を教える側から捉え、そこにもっとも簡単な定義を与えると、「事例（ケース）教材をもとに、学生に議論させることで学ばせる教授法」となる。しかし、これだけでは多くの読者は、いまひとつピンとこないだろう。

そこで、この教授法が用いられる場面をひとまずビジネススクールに絞って考えることにして、次のような説明を加えてみるとどうだろうか。[i]

1｜ケースには、現実の企業等、そしてそこに従事するキーパーソン等を主人公とした経営上の出来事が客観的に記述されている。また、そこには、ケース作成者による問題への分析や考察は、一切書かないことになっている。ケースが提示している問題の分析や解決に向けたアクションの構想は、すべてケースの読み手である学生の仕事であるべきなので、読み手が担うべき大切な仕事はしっかりと残されたかたちで、ケースは書かれている。

2｜教師はケースに記述された内容そのものを教えるのではなく、ケースに関する教師自身の分析や考察がどのようなものであるかを教えるのでもない。教師の役割はあくまでも、参加者に、その問題がどこからなぜ生じ、いまどのような状況にあり、これからどうなっていくかを理解させたうえで、どう対処すべきかの「議論」をさせることである。
もし教師が、ケースの内容や、「このケースはこう考えるべきだ」という自説を朗々とレクチャーしていたとしたら、教材にケースを使っていたとしても、ケースメソッド授業としては「不十分」だと言わざるを得ない。

3｜教師は、学生間の議論を司り、議論を通して教師が学ばせたい事柄（教育目的と言ったり、訓練主題と言ったり、ラーニングゴールと言ったりする）を

学ばせるために、学生による自発的で主体的な討論を妨げないように留意しつつも、議論の誘導を意図的に行っている。

教師は、議論がただ単に「盛り上がればよい」などとはひとつも思っていない。学生が本当に学んだかどうか、深く学んだかどうか、さらにいえば、議論を通して、一人一人の学生がこれまでに確信してきた事柄が少しでも「揺さぶられた」かどうかに関心がある。よって、教師は学生に対してさまざまな「揺さぶり」をかけてくる。

4 ｜ 一般的なビジネススクールでは、学生の成績評価の一定割合が、「クラス貢献点」と呼ばれる、発言の量と質に由来する点数によって構成される。よって、学生にとっては、クラスで「よい発言を数多くする」ことが、自分がよい成績を取るための重要な戦術となる。名商大ビジネススクールのどの授業においても、学生が授業時間中に教師に強い視線を向け、「いま私を指名して」という心の声を強く発しながら、粘り強く挙手し続けるのはそのためである。

このくらいの説明が加わると、ビジネススクールにおけるケースメソッド授業が少しはリアルになってきたのではないだろうか。ここまで読んで、「そういう授業に自分も参加してみたい」という気持ちが少しでも生じてきたならば、この本は最後まで一気に読めるだろう。

教育学的に見たときのケースメソッド

前節でしてみたように「ケースメソッド」を文章で説明することはどうにかできるのだが、その実現型あるいは実践型は実に多様であり、「標準的

---

i　竹内伸一（髙木晴夫監修）（2010）『ケースメソッド教授法入門 －理論・技法・演習・ココロ－』慶應義塾大学出版会。

な授業」というものはあるようでない。ビジネススクール型のケースメソッドの歴史は100年ほどであるが、ケースメソッドに関しては、この100年の間に標準化が進んだのではなく、むしろ慎まれてきた感さえある。本節ではこのことについて述べながら、教育のアプローチとしてのケースメソッド、そしてケースメソッドは単なる教育の手段や方法か、あるいはそれ以上のものか、という話題にも広げていきたい。

　本書の目的は名商大ビジネススクールの授業紹介であるから、本書の学問上の文脈は経営学であるとしても、本章を担当している筆者は教育学の人間でもあるので、ここからしばらくはケースメソッドを教育学的に見てみようという趣旨である。

　HBS（Harvard Business School）のガービン教授（David A. Garvin）によれば、この教授法の原初型は、1870年ごろから、HLS（Harvard Law School）のラングデル校長（Christopher C. Langdel）によって米国ではじまった。[ii]当初のものは、「case（裁判の判例）を用いて行われた討論授業」における教授法であるが、今日、筆者らが日常的に行っているケースメソッド教育の原点は、1920年代から同じハーバード大学のビジネススクールであるHBSではじまった、「case（経営上の問題直面場面を物語風に記述した事例教材）を用いた討論授業」である。当時の教授会記録によれば、この教授法をはじめは"Case System"と呼んでおり、のちに"Case Method"と呼ぶようになったようだ。

　高等教育史を振り返ると、ケースメソッド教育は、新興の大学よりも、どちらかといえば伝統的な大学で丁寧に育まれてきたといえるだろう。学問の自由を重視する教育研究組織に奉職する大学教授たちが、教授の数だけ個別のティーチングスタイルを築き、ケースメソッド授業を多様化させ、柔軟性のある教育活動としても育んできたのである。

　しかし、そこには多様性と柔軟性だけがあったのではなく、それらを束ねようとする強い求心力もあった。それが"participant centered"という

教育アプローチである。よく似た意味の語句に "student centered"（ちなみにこの反意語はteacher centered）があるが、これだと教室の主役が教師ではなく学生であることの示唆に留まり、学生を授業の主役にするための教師による数々の仕立てや仕掛けが含意されない。

　ケースメソッドが "participant centered" であり続けたことによって、ケースメソッドは「教育方法（teaching method）」という意味を超えて、「教授法（pedagogy）」という意味の次元に発展した。このことは、ケースメソッドで教える者にとっても学ぶ者にとっても、とても重要なはずである。"pedagogy" は「教育学」という意味にまで膨らみ得る語なので、ケースメソッドはもはや教育の「手法のひとつ」なのではなく、教育の「あり方」や「到達点」と考えるべきだろう。

　名商大ビジネススクールの教員会議でも、本学にとってのケースメソッドはもはや「教員個人が選択する教育の一手法」ではなく、少なくとも "participant centered approach" あるいはアクティブ・ラーニングを可能にするための「ビジネススクール教育の方法論」であり、でき得れば名商大ビジネススクールという「組織の中核的資産」であるべきだと議論されている。

ケースメソッドで「本当に」学べるのか

　ケースメソッドの代名詞のようにいわれるビジネススクールにおいても、ケースメソッド教育実践校は実際には少数派である。また、「当校ではケースメソッドを採用しています」と言えたとしても、「それが本当にケースメソッド授業といえるのか」という疑問を拭うのはそれほど簡単でない。

---

ii　Garvin, David A.（2003）, "Making The Case", Harvard Magazine, Sept-Oct 2003, Vol.106, No.1, pp.55-65.

ケースメソッド教育を組織的に実践するには、相応の苦労と代償を伴うからである。大半のビジネススクールにおけるケースメソッド教育の現実的実践像は、本章の冒頭節で列挙した4点のうちの「どれかが欠けているもの」になりがちだ。

筆者はこのことを、ことさら批判しているわけではない。これは教育の「性（さが）」であり、「宿命」なのである。HBSのデューイング教授（Arthur S. Dewing）が言うように、教育を伝授型と訓練型に二分する[iii]ならば、教育は自ずと伝授型に向かおうとする力学の中で営まれている。そこにはさまざまな合理性があり、背景もあり、教育機関という組織と、そこでの職務に従事する人間の選好もそこに反映する。

教育界でのマイノリティであるケースメソッド教育は、ピュアに実践されていればいるほど社会から稀少視され熱いエールも受けるが、マジョリティ側からの批判も受けることになる。

ケースメソッドが批判されるときの理由づけには、「効率的に知識習得できず、学修者の知識量が不足する」「教育効果が量的に測定できない」「授業品質のばらつきが大きく教育の質保証が難しい」「学生が討論に耐える基礎学力を有していない」「討論させるにはクラスサイズが大きすぎる」「ケース作成をはじめとする授業準備の時間が取れない」などがある。

ここではよく述べられる理由の数々を、教育方法上の課題から教師がもつ教育資源上の課題に向かうよう並べてみたのだが、マジョリティたる伝統的な伝授型教育を所与としたときには、マイノリティたる訓練型教育を批判する理由はいくらでも出てくる。

これに対するケースメソッド陣営からの反論には、「ケースメソッドは思考力、そして意思決定力を育む」などがある、この弁を信じようと思えば信じることもできるが、「説明説得の決め手には欠ける」と言われても、それほど強くは反論できない。あえて自虐的に言えば、「弱々しい反論」と受け取られてしまうこともある。

「ジョージ・W・ブッシュも、マイケル・ブルームバーグも、三木谷浩史も、新浪剛史も、皆ケースメソッドで学んで活躍している」と言われて納得する人もいれば、それでは客観的なエビデンスを伴った説明にはなっていないと、疑問視する姿勢を崩さない人もいるのである。

しかし、エビデンスこそうまくつくれていないが、専門家集団たる教授陣による膨大な経験の裏づけがあり、修了生の確かな活躍があり、実業界からの信頼もあるからこそ、ケースメソッドは社会から支持されてきた。これは真実であろう。そして、本学に関していえば、その教育のプロセスと品質はAMBAとAACSBという二つの国際認証を得る水準にあり、三つめの国際認証であるEQUISへのチャレンジ準備も進めている。

この種の教育財（教授法を財と捉えることには違和感もあろうが）を深く理解するには、エビデンスを頼りに「他からの説明説得を得る」のではなく、歴史や思想や機構を手がかりに「自ら信頼を寄せていく」ことも必要であろう。しかし、そのような姿勢を必ずしも多くの人が持ち合わせているわけではないために、教育界全体としてはケースメソッドへのある種の不信感を拭えていないのである。

筆者は教授法を山になぞらえて考えることがある。

山の魅力を考えるとき、少なからざる登山愛好者が山頂からの眺望をその山の魅力の中心に置くのではないか。麓付近や中腹からの景色、あるいは登りやすさを理由に、ある山を愛することは、多くはなかろう。

教授法にも同じようなことが言える気がしている。ケースメソッドという山は、山麓や中腹ではさまざまな問題が生じやすいが、山頂に近づけばその眺望は格別であり、手法として捉えていたときの諸問題がもはや問題でなくなっている。ケースメソッドという山の頂から経営人材育成を展望したとき、「この教授法はやはり信頼に足る」と心からそう思える。

一方、ケースメソッドを批判する人の多くは、山の麓や中腹にいて批判

ⅲ Dewing, Arthur S.(1954), "An Introduction to Use Cases", in McNair, Malcolm P.(ed.), The Case Method at the Harvard Business School: Papers by Present and Past Members of the Faculty and Staff, pp.1-5, McGraw-Hill.

している。筆者らは山頂付近の眺望を知ってしまったので、そのような批判ももうそれほど気にはならないのである。

ケースメソッド教育の担い手としての責任

名商大ビジネススクールは1990年の開設で、じつはそれほど新しいビジネススクールではない。また、近年の少なからざる夜間および休日開講のビジネススクールが文科省における大学院設置区分上の「専門職大学院」であるのに対して、本学が伝統的な「学術大学院の修士課程」であることは意外と知られていない。

世の中には「専門職大学イコール実践志向」で「学術大学院イコール研究志向」という理解があるようだが、実際にはそんなに単純な話ではない。

このことをケースメソッドに紐づけると、次のようにいえる。

ケースメソッド授業では、毎回n=1の単一事例をもとに議論し、他ならぬ当該の事例が到達すべきゴールのありようを、「ケースバイケース」という言葉に逃げずに、深く探究しようとする。

この知的活動には、ただひとつの事例において問題が解決されるだけで、普遍解を得ようともしない弱腰感も、逆に、限定された事例が不当に一般化される行き過ぎ感も共存し、いずれにしても科学的探究とは言い難い。ここでは、こうした弱腰感と行き過ぎ感の両方を視野に入れ、最高学府たる大学の名に恥じないよう、経営の実践を「科学」の次元で扱うことが求められる。

そんな新しい科学のあり方を探究していた吉田民人は、従来の科学のようにすでに生じている多事象を客観的かつ包括的に説明するのではなく、これから生じさせたい一事象を精緻に創造していこうとする営為に、「設

計科学」という概念を与えている。[iv]

　ビジネススクールの授業の中でこうした科学概念に準じた学修を進行させていこうとすると、経営の経験的知見を元手にしているだけではおそらく実現できず、重厚な知識基盤あるいは経験基盤をもったそのうえで、多サンプルの事例を客観的に捉え、恣意を排して冷静に考察していく習慣をもつ「学問」の下支えが欠かせなくなるだろう。

　高度成長期における日本の経営教育は二大専門企業研修会社が支え、大学は企業の期待には必ずしも応えられずにいた。[v]この時期の経営は、学問である必要も、科学である必要もなかったのかもしれない。

　しかし、わが国にも経営大学院が設置されはじめ、各大学がしのぎを削ってきた過程には、大学が持つ問題設定力、分析考察力、そして知識発信力が企業人材の育成に資しているという確かな手応えがあった。企業研修においてもコーポレートユニバーシティの選抜リーダー育成には国内外のビジネススクール教員が大きく関与し、ビジネススクール教育と企業内教育の境界が昔ほど明確でなくなってきた。

　このように経営が真に科学であるならば、ビジネススクールの授業も、「分析枠組みの活用」や「理論の実践への適用」という次元に留めず、多彩な学問の裏づけをもって学際的に、そして経営実践をモチーフにした「総合芸術」としても扱われる必要がある。となると、そこに一日の長があるのは学術大学院であり、伝統的大学が設置したビジネススクールは今こそその真価が問われているようにも思う。

　また、ここまでの文脈を借りて、ケースメソッド教育の特徴側面として「教師が講義をしない」「扱う問題には正解はない」ということばかりが強調され過ぎることの弊害も、併せて指摘しておきたい。

　表面的に理解されたケースメソッド授業の教室では、そこで教師が何かを教えているわけではなく、ましてや、科学の手順を踏んで何かを探究しているわけでもない。しかし、それでも受講アンケートには「議論は楽し

---

iv　吉田民人 (1999)「21世紀の科学―大文字の第2次科学革命」『組織科学』第32巻第3号、4-26頁、組織学会。
v　高宮晋 (1976)『日本の経営教育への提言』産業能率短期大学出版部。

かった」という言葉が並んでしまうがゆえに、授業者がそれに甘えるという構図が生まれやすい。これでは「プロが行う誠実な教育」とはいえないはずである。

このようなことは「まがい物のケースメソッド」という表現で、1940年代の米国ビジネススクール界にすでに大きく指摘されている。[vi]

それでは、本学がすべてパーフェクトかと問われると決してそうではなく、もちろん発展途上である。しかしながら、本学を含むケースメソッド教育を真摯に実践しているビジネススクールでは、教員がケースメソッドを「本物」たらしめんと日夜努力しており、「まがい物のケースメソッド」と明確に識別されなければならないのだと、入念な自己点検を重ねている。そのことだけは、ここで伝えておきたい。

学生はケースメソッドとどのように向き合うか

名商大ビジネススクールの場合、入学者のおよそ8〜9割は、本学が入学志願者に提供している体験授業を経ての入学である。筆者らがビジネススクールで学んだ時代にはそんな機会はほぼ皆無であったことを考えると、今日の学生は恵まれているともいえる。

しかし、一回か二回の体験授業で見えてくる事柄はやはり限られていることを差し引くと、ケースメソッドを「ひとまず知った」という段階に過ぎない。

また、入試面接ではすべての志願者に「クラス討議でどのような貢献ができそうか」と必ず尋ねるのだが、入学後にクラスで朗々と意見を語るであろう志願者にも数多く出会うものの、「人前で話すのが苦手」という弱点を認めつつ、それを克服したいがために入学を志望している志願者のほうが圧倒的に多い。

このように、本学ビジネススクールの教室には最初から役者が揃っているわけではなく、入学して役者になるのである。本学に入学してくる学生とい

えども、人によっては当初、ケースをもとに討論して学ぶことへの不安やネガティブな印象があったのかもしれない。しかしそれでも、入学の決意に至る過程でそれを拭い取り、ケースメソッドで学ぶことへの期待に胸を膨らませ、「ケースメソッドと運命をともにする」する覚悟を決めて入学してくるのである。

さて、そんな新入学生が入学後、ケースメソッド教育にどのように適応するかというと、それは「当為の法則」ならぬ「必然の法則」に則ることになる。多額の入学金と授業料をすでに支払ってしまった新入生は、ケースメソッドによるMBAプログラムに適応せざるを得ない。ケースの予習をして、クラスで発言しないことには成績が整わず、進級も卒業もできないからである。

ケースの予習、すなわち発言準備を済ませた学生は、クラスディスカッションの前に小グループでのディスカッションに臨むが、そこでは誰がどのくらい入念な準備をしてきたかが一目瞭然になる。意欲的な学生同士が意気投合する学びの渦の中に入れなかった学生は、次の授業日までに猛省して出直さなければならない。いささか暴力的に聞こえるかもしれないが、ここで生きていくには、熱心に予習をして、グループで仲間に認められ、クラスで発言し、クラスに貢献し、教師からも評価されなければならない。

このようなわけで、入学後はじめての授業では「やった、発言できた」と本当にうれしそうに深く安堵している学生や、「結局、発言できなかった」と落胆している学生の姿が教室内に散見される。これが、新入学生を迎える本学の、4月と9月の風物詩でもある。

また、名商大ビジネススクールに関していえば、ケースメソッドとの対峙という非日常性の上に、成績評価の厳しさという辛味のスパイスが振りかけられる。

本学では、各科目の履修者の成績を点数化して昇順に並べ、上から1

---

vi　Gragg, Charles I., "Because Wisdom Can't be told", in McNair, Malcolm P.(ed.), The Case Method at the Harvard Business School: Papers by Present and Past Members of the Faculty and Staff, pp.7-14, McGraw-Hill, 1954.

割をA、次の3割をB、そして下から3割を不合格とする相対評価を行っており、不合格者には単位を出していない。このことはケースメソッドの本質とは直接関係ないが、学生の立場で考えると、非常に強く、そして大きくむすびついてくる。入学当初、「自分はクラスの下から3割には該当しない」と胸を張れる学生はほとんどいない。こうした恐怖感と隣り合わせのまま、最初の学期がはじまるのである。

ビジネススクールの授業に大なり小なりのサバイバルが存在することは事実だとしても、共創が競争を上回って生じてくることに向けた仕掛けもまた幾重にもある。たとえば本学では、ケースメソッド授業のすべての参加者に「勇気」「礼節」「寛容」という徳を求め、教室では「学びの共同体」を目指し、ロースクール的なソクラティックなムードではなく、温かいムードを維持するようにも努めている。

こうして、ケースメソッドで教えているビジネススクールに入学すると、予習また予習の2年間がはじまり、最初の1、2カ月はまさに「生きた心地がしない」。しかし、ビジネススクールに来るような学生はもともと学習能力が高いので、すぐに予習上手になり、発言上手にもなる。非日常的と感じられた日々もやがてそれが日常となり、うまく習慣化される。ただそれでも、ケースの予習が生活を「支配」していることに変わりはないのである。

学生はなぜこうした荒行に耐えるのか

筆者が慶應義塾大学ビジネス・スクール（KBS）のMBA学生だったとき、最初の入学合宿で新入生担当としてお世話いただいた余田拓郎教授（当時、助教授。現在は教授で経営管理研究科委員長、ビジネス・スクール校長）に「ここで2年間学ぶと、どうなるのですか」と尋ねたことがあった。余田先生ご自身もKBSのMBAホルダーだったこともあり、入学早々ヒートアップす

る予習合戦に音を上げつつあった筆者は、「この先生に聞いてみたい」と思ってそう尋ねたのである。

そのとき余田先生は、「卒業すると肉汁がじわっと出てくるようになる」と答えられた。そのときの筆者は、わかったような、わからないような気持ちでもあったが、その言い回しには独特の深みがあり、いまでも時々思い出してしまう。

その2年後に筆者も卒業して、再び社会に出た。そのときに感じたことも付記しておくと、クライアント企業のビジネスの営みが、なぜかとても「ゆっくり」と感じられたのである。それはまるで、高速道路を自分はそこそこ性能のよいクルマで走っていて、スッと加速もできるし、サッと減速することもでき、道路状況もだいたい見通せている、という感覚だった。いま思い返すと、たいへん懐かしい感覚ではあるが、確かにそう感じたものである。

ビジネススクールで大量の高速処理を立て続けに行うと、必ずしも速いスピードで情報の収集や分析や判断がされていない世界に戻ったときに、自分に余裕が生じ、その余裕を中長期展望、戦略立案、職場環境整備、他者に対する配慮、後進の育成、そして、さらなる自己啓発に充てることができる。また、その延長上により上位のマネジメント職としての活躍像も見えてくる。

卒業後に変わるのは、ポジションや給与でもあるだろうが、何よりも時間の質が変わる。それはクルマに例えれば、エンジンと足回りが強化されることによる走りの質の向上であり、走り、曲がり、止まるのすべてに爽快感が増すということである。

そんな話を先輩たちから聞くので、学生たちはこの荒行に耐えようとする。その過程で、古今東西のビジネススクールにおいて "Tough Mindedness" と尊ばれてきた精神力（それと時として「神通力」でさえあるだろう）が鍛えられるとともに、仲間が不得意とする領域のケース準備は進んでサポートしたりすることを通して、人間の器の大きさも育まれていく。このようにケースメソッドには全人格教育という重要な一面があり、HBSの古い教員たちは「ケースメソッドは態度教育」とまで言い切るのである。

　このように、ケースメソッド教育の歴史は、この教授法で学んだ人たちの深い「満足」によって支えられてきた。それは毎時の授業満足度調査で測るような満足の端切れではなく、今日は授業に参加して「気持ちよく発言できた」などというような手軽に味わえる満足でもなく、手間暇かけて育てた作物が、長い月日を経て実りはじめたときにようやく感じとることができるような高次の満足である。エビデンスも大切かもしれないが、当事者の満足、それも高次の満足、それこそがもっとも重要なのではないか。

　ビジネススクールで得るものは、直接的には経営管理能力であったとしても、そこには人間的な成長も力強く伴走していて、自分の人生が豊かになりつつあることへの幸福感がそこに追従するからこそ、学生は艱難辛苦を乗り越えてMBAという学位を取得しようとする。このとき、備わった経営管理能力にも、人間的成長の足跡にも、ケースメソッドという教授法が実は大きく影響しているということが、社会には「意外と理解してもらえていない」のではないかと筆者は考え、本章を記した。

　本書の導入としての説明は、以上である。次章以降では、本書のメインボディを担当する本学教員が、学生に向けて入念に構築し、精緻に実践している「ケースメソッド授業」の一部始終を、生々しく、そして熱く紹介してくれる。

2

How to
Learn by
the Case
Method

行動経済学
ケースメソッド授業
ガイダンス

本章では、次章で展開する授業の紹介とガイダンスを行い、読者の皆さんに道案内をしておきたいと思います。

最初に行動経済学について簡単に説明し、ビジネスパーソンが行動経済学を学ぶ意義について話していきます。続いて、授業のアウトラインと、各ケースのストーリーをご紹介します。最後に、参加者中心型学習、ケースメソッドといった授業の形式が、行動経済学を学ぶうえでどのような意味を持つのかということについてお話しします。

行動経済学とは何か

行動経済学は最近誕生した経済学のひとつの分野です。行動経済学の基礎となる研究が始まったのは1970年代のことですが、行動経済学という名称が定着したのは1990年代のことです。

行動経済学には、それまでの伝統的な経済学と大きく異なる特徴がありました。学問的に理論を展開するうえで想定する人間像が異なっていたのです。伝統的な経済学では、人間が経済活動を営むときには、合理的な意思決定を行い、合理的に行動するものと想定していました。一方、行動経済学は、そのような想定が必ずしも妥当ではなく、経済活動の様々な場面で、人間は非合理的な意思決定を行うことがある、非合理的な行動をとることがあると考えます。

伝統的な経済学の想定の背後には、経済活動のような重要な意思決定が行われる場面では、人間はよく考え、まともな意思決定を行うだろうという観念がありました。その観念が全て間違いというわけではありません。実際、まともな経済的意思決定が行われる場面もあるでしょうし、そのような想定に基づいて展開された経済理論がすべて誤りであるわけでもありません。

しかし他方、経済活動のすべてにおいて、人間が合理的な意思決定を行うと考えるのは、実証的に無理があります。

簡単な例を示しましょう。伝統的な経済学では、消費者は、予算の範囲内で、自分の満足感——経済学の用語では「効用（utility）」——が最大になるように消費の選択を行うと論じます。今でも、ミクロ経済学の教科書をみれば、最初のほうに出てくるのはこの話です。

　この理論は、実証的に正しいでしょうか。

　ここで私自身の最近の体験談をお話しします。私は先日、あるラーメン屋さんで、メニュー（図表1）を見て注文をしました。お昼時にお腹を空かせた私がラーメン屋のカウンターに着席したとき、手元に置いてあったのがこれだったのです。メニューの写真をご覧いただいたあと、皆さんにある質問をしますので、よく見ておいてください。

図表1 │ **あるラーメン屋で目にしたメニュー**[1]

1　著者撮影。

メニューでまず私の目をひいたのは、「特選ラーメンランチ餃子セットが1,000円」という文字でした。「特製ラーメンランチ餃子セット」とは、写真にあるように、ラーメン、ランチ（白いごはん）、そして餃子の3点セットのことでした。そして写真の右下を見ると、「チャーハンセットもお得!! 1,050円」とあります。そこで私はその「チャーハンセット」を注文することにしたのです。

さてここで読者の皆さんにクイズです。「チャーハンセット」を注文したら、いったい何が出てきたでしょうか? 次の中から選んでください。

1｜ラーメンとチャーハン
2｜ラーメンとチャーハンと餃子
3｜ラーメンとチャーハンと白いごはん
4｜ラーメンとチャーハンと白いごはんと餃子

私はしばしば、このクイズを受講生に出題します。そしてその結果はいつも似たようなもので、概ね次のようになります。（数字は各回答における回答者の比率を示します）

1｜ラーメンとチャーハン　　　（10%）
2｜ラーメンとチャーハンと餃子　　（60%）
3｜ラーメンとチャーハンと白いごはん　　（10%）
4｜ラーメンとチャーハンと白いごはんと餃子　　（20%）

つまり、多数の受講生は「2」が正解だと答えるわけです。そして実は、私もラーメン店で注文をしたときには、この多数の受講生と全く同じ考えでした。「チャーハンセット」を注文したら「ラーメンとチャーハンと餃子」が来ると思っていたのです。

ところが、待っても待っても餃子が来ません。しびれを切らした私が通りかかった店員さんに「すみません、餃子が来ないんですけれど...」と声をかけると、彼はメニューの右下（図表2）を指差し、こう言ったのです。

「お客さん、よく見てくださいよ。ちゃんとここに書いてあるじゃないですか」

図表2 | あるラーメン屋で目にした写真（拡大図）[2]

メニューの右下部分（図表2）をよく見ると、赤地に白抜きの細い字で「特製ラーメンランチ（赤・白）＋チャーハン」とあります。「ラーメンランチ」とは、彼らの店では「ラーメンと白いごはん」を指します。従って、「チャーハンセット」とは、「ラーメン、チャーハン、白いごはん」のことだったのです。

この事態は、伝統的なミクロ経済理論によっては説明しがたいものです（笑）。なにしろ私は予算の範囲内で買い物をしたわけですが、私の「チャーハンセット」の選択は、私の効用を最大化させるものではなかったからです。それどころか、私は店を出たあとまで相当な怒りを抱えたままであったほどで、誤ったランチの選択によって、私の効用は大幅に低下してしまいました。

なぜ私は、自分の効用を押し下げるような、愚かな経済的意思決定をしてしまったのでしょうか？　この問題について伝統的な経済学は、何ひとつ

2　著者撮影。

示唆的なことを教えてくれません。私は自分の誤った行動についての改善の手掛かりを、伝統的な経済学から得ることができないのです。

　一方、ここで読者の皆さんに注目していただきたいことがあります。それは、私の意思決定が、教室の多数の受講生のそれと同じものだったということです。これは学問的にとても興味深い話です。というのは、多数の人間が同じ間違いを犯すということは、その間違い方にパターンがあり、それが学問的な研究の対象となるという可能性を示唆するからです。

なぜ私たちは同じように間違えたのか

　そんなわけで、ここで私は教室の受講生に問うのです。私と同じく「チャーハンセット」を頼んだら「ラーメン、チャーハン、白いごはん」が出てくると思った人は、一体なぜそう思ったのですか、と。
　そうすると、次のような答えが出てきます。

A ｜ 写真に引っ張られたのだと思います。ラーメンと白いごはんと餃子が写っていますので、自然と白いごはんがチャーハンに変わるのだと思ってしまいました。
B ｜ 写真で目立つのは、特製ラーメンランチ餃子セット1,000円とチャーハンセット1,050円です。それ以外はあまり印象に残りません。特に赤地に白抜きの文字は全く目に入りませんでした。
C ｜ 何か思い込みがあったように思います。特製ラーメンランチ餃子セット1,000円、チャーハンセット1,050円ですから、白いごはんがチャーハンになるとちょうど50円みたいに、勝手に思ってしまいました。
D ｜ 私はラーメンとチャーハンだと思ったのですが、そのとき、さすがにラーメンとチャーハンと白いごはんというセットは想像できませんでした。完全にそのメニューは常識外です。

AさんとBさんの意見は、人がなにかを見るときに、その視野が全ての情報に均等に注がれるわけではなく、何か目立つもの——セイリアンス（salience）と呼ばれます——に注意が集中する傾向があることを示唆しています。そして人は、その注意を集中した先にある情報に、意思決定が引きずられがちなのです。Aさんは写真に、Bさんは文字情報に意識を集中させていますが、いずれもそこに含まれる情報に引きずられて、判断を下しています。

　一方、CさんとDさんの意見は、彼らの判断が、判断を行う際に、彼らの「頭や心に浮かぶもの」に引きずられていることを示しています。全員の判断が、予算の範囲内で効用を最大化するという目的に照らして合理的なものではなかったわけですが、その背景にあったのは、彼らの情報の咀嚼の仕方のバイアスであったわけです。

　じつは上の議論は、認知心理学を基礎に発展してきた、最近の行動経済学の理論に基づいています（第3章第4講で詳しく議論します）。

　このような議論を知ることは、いくつかの意味で有益なものです。

　まず、人間の現実の経済行動についての理解をより豊かなものにしてくれます。それは我々が現実を見る眼を豊かにし、世の中を面白く、興味を持って眺めることができるようにしてくれます。

　そして、自分の誤った選択についてこのように理解をすれば、次回に同じ過ちを繰り返さないというわけにはいかないでしょうが、それでも過ちを繰り返す確率を多少は減らすことになるでしょう。つまり自分の意思決定スキルを改善することができます。

　また、同じような過ちの可能性に晒されている他人に対し、賢明なアドバイスを与える能力が養成されることにもなるでしょう。そのような人間が組織の意思決定に関与している場合には、組織の意思決定スキルを改善させることができるようになるでしょう。

　行動経済学は、数多くの実験と実証を積み重ね、人間の意思決定や判断が時に合理的なものから乖離すること、そしてそうした乖離は多数の

人が示すもので、その乖離の仕方、間違い方にパターンを見出すことができるということを示してきました。そして、そうした個人の合理的でない意思決定が、時に経済的に大きな影響をもたらす可能性があることを論じ、かつそうしたことの実証をも積み重ねてきました。我々はその蓄積から、大きな学びを得ることができるのです。

ビジネスパーソンが行動経済学を学ぶ意義

ところで本書は、名商大ビジネススクールの「ケースメソッドMBA実況中継」シリーズの第4巻として刊行されます。そして、シリーズの他の巻と同様、本巻の「実況中継」も、名古屋商科大学ビジネススクールのMBAのクラスにおける授業をもとに構成されたものとなっています。

MBAの授業というと、皆さんの頭にすぐに思い浮かぶのは、ストラテジー、マーケティング、ファイナンス、アカウンティングといった科目群のことでしょう。一方、MBAのクラスにおいて、行動経済学という科目はあまり一般的ではないように感じられるかもしれません。しかし欧米のビジネススクールでは、行動経済学をカリキュラムに取り入れるようになった学校はもはや少数ではありません。

ハーバード・ビジネス・スクールでは、企業の幹部社員である「エグゼクティブ」を対象とした教育プログラムの中に行動経済学のコマを設けています。本書でとりあげたケース「エクスプレス・スクリプツ[3]」の共著者であるジョン・ビシアーズ教授などが共同チェア（科目担当主任）を務めるこのプログラムでは、そこに参加する意義として次の三つを挙げています[4]。

3　第3章第6講でこのケースを議論する。
4　Harvard Business School, "Behavioral Economics: Understanding and Shaping Customer and Employee Behavior," (https://www.exed.hbs.edu/behavioral-economics/) 2020年7月31日時点。

- あなたが勤務する企業の顧客と従業員の行動を理解すること
- あなたの組織における意思決定を改善し、そのパフォーマンスを向上させること
- あなたの個人的、職業的なネットワークを拡大すること

　残念ながら本書では、読者にリアルに集まる場を提供することができませんので、三番目の「個人的、職業的なネットワークを拡大すること」をお約束することはできません。しかし一番目の「企業の顧客と従業員の行動を理解すること」、そして二番目の「組織における意思決定を改善し、そのパフォーマンスを向上させること」については、本書が目指すものと基本的に同じです。

　これから述べるように、本書では特に、ビジネスにおける顧客の行動の理解に焦点を絞っていますので、そのラーニング・ゴールを「**企業の顧客の行動を理解することを通じ、あなたの組織における意思決定を改善し、そのパフォーマンスを向上させること**」としておきます。読者の方々は、第3章の6つの授業を読み終えたら、このページに戻ってきて、このラーニング・ゴールが達成されたかどうか、自問していただきたいと思います。

講義のアウトライン

　第3章は、第1講から第6講までで編成されていて、それぞれの授業が、前半は講義、後半はケース討論という形で構成されています。

　それぞれの授業の主題には、人間の非合理的な意思決定の傾向や、その背景にある心理学的な要因といった主題のうち、行動経済学が、これまでに相当な議論を積み重ねてきた、学的蓄積が豊富なものを選んであります。

第1講（代表性バイアス）と第2講（アンカリング）では、ヒューリスティクス・バイアスと呼ばれる、人間の「システム1」と呼ばれる「速い脳」がもたらす非合理的な判断の傾向を取り扱います。第3講（損失回避）はプロスペクト理論、第5講（心の会計）ではフレーミング効果と呼ばれる、非合理的な選択の問題を取り扱います。これらはみな、行動経済学の産みの親の一人であるダニエル・カーネマンの著書『ファスト&スロー あなたの意思はどのように決まるか?』[5] で、詳細に論じられている問題ですので、これまで行動経済学に馴染みのない方で、本書により興味を持った方がおられたら、ぜひこの本に進んでいただきたいと思います。

第4講のセイリアンスは、最近になって行動経済学的な議論が進んだ話題で、人間の様々な判断のバイアスの背景にある認知心理学的な問題と、それが経済活動に及ぼす影響を議論します。そして第6講（ナッジ）では、人が、その判断のバイアス故に、自分の利益を損なうような行動をとっている場合、第三者がどのように介入すべきかという問題を取り扱います。

さて、こうして本書における授業の構成を見ると、普通の行動経済学の教科書と、その構成において大差ないもののように見えることでしょう。実際、それはそのとおりです。しかし本書の授業の主たる中身は、各講の後半で行われるケースの議論の中にあります。

それぞれのケースは、現実に起きたことをストーリー仕立てでまとめたものですが、そこには、各講義でとりあげた主題が登場します。たとえば第1講のケース（投資信託と日本の個人投資家）では、代表性バイアスを持つ投資家が話題になっています。つまり、各講義の主題を理解しておくことで、各ケースで起きている事象とその背景をよりよく理解できるようになっているのです。

しかし本書で取り上げた6つのケースを議論する目的は、各講義の主題をより深く理解することだけではありません。むしろ話は逆で、既に述べたラーニング・ゴールを達成するために選ばれたのが6つのケースであり、そ

5　Kahneman(2011)

れぞれのケースを理解するための前提として、それぞれの講義があるのです。

　6つのケースは、「企業の顧客の行動を理解することを通じ、あなたの組織における意思決定を改善し、そのパフォーマンスを向上させること」というラーニング・ゴールの達成に向け、共通の話題を取り扱っており、それぞれが有機的につながっています。共通の話題とは、「顧客が合理的な判断、意思決定を行っていないときに、ビジネスはそのような顧客に対してどのように対処するか」という問題です。

　各ケースの議論の中心にあるのは、そのような顧客のシステム1をどのようにマネジメントするべきかという問題であり、各ケースはその様々な側面を取り扱ったものになっています。

　第1講のケース **「投資信託と日本の個人投資家」** では、個人投資家がそのヒューリスティクス・バイアス故に、投資信託の投資に成功していないことが示されています。証券会社などの投資信託の販売会社は、そうした個人投資家に対してどのように接しているのでしょうか？　そうしたビジネスのあり方を考えることで、ビジネスにとっての、顧客のシステム1との付き合い方を考えます。

　第2講のケース **「eBayの実験」** では、eBayを舞台に、かつて行われた実験が描かれています。eBayは、顧客の行動が必ずしも合理的でないことを前提に、実験によって顧客の選好を明らかにしようとしたのです。実験の結果はどのようになったでしょうか。我々はそうしたeBayの実験から、ビジネスと顧客のシステム1の付き合い方について、何を学ぶことができるでしょうか。

　第3講のケース **「X大学A学長」** では、ある大学の学長先生の意思決定が描かれていますが、学長先生の意思決定は、合理的なものとは言えなさそうです。そのとき、もしあなたが経営コンサルタントとして学長先生に接する機会を得たとしたら、あなたはどのようにアプローチするべきでしょうか。ここでも主題は、ビジネスにとっての、顧客のシステム1との付き合い方です。

第4講のケース「**J.C.ペニーのフェア・アンド・スクエア戦略**」の主人公は、2011年にJ.C.ペニーのCEOに就任したロン・ジョンソンです。ジョンソンは、J.C.ペニーの業績不振を挽回すべく、激化する一方の価格競争からの脱却を目指し、クーポンやバーゲンセールを廃止し、代わりにそれまでより安い価格で商品を販売することを宣言したのですが、この改革は顧客に全く支持されず、失敗に終わります。彼の何がいけなかったのでしょうか。彼は顧客のシステム1とうまく付き合ったでしょうか?

第5講のケース「**毎月分配型投資信託**」では、年金生活者となった高齢の投資家が登場します。この投資家たちは「分配型」と呼ばれる投資信託を大変好んでいるようなのですが、それが彼らにとって、本当に利益になっている商品であるのかについて、よくわかっているとは言い難いようです。そうした投資家たちに対し、ビジネスはどのように接しているのでしょうか。そのあり方は適切なものといえるでしょうか。

第6講のケース「**エクスプレス・スクリプツ**」では、維持投与の薬を調達するにあたり、町の薬局で調達している人々が登場します。じつは、町の薬局で調達するより、メールオーダー方式の薬局で調達したほうが、薬の価格は安いし、より正確に薬を入手できるなど、メリットが大きいのですが、長年親しんだ習慣から抜けきれないなどの理由で、多くの人々が自宅配送への切り替えを拒んでいるのです。さてこの習慣を変更してもらうにはどうしたらよいでしょうか。エクスプレス・スクリプツの顧客との付き合い方は、日本の証券会社や銀行のそれと、どのように異なっているでしょうか。

参加者中心型学習

このあと第3章で展開される実況中継編は、著者の実際の授業を基に再編成したものです。その風景は、他の大学の一般的な授業とはかなり異なるものかもしれません。名商大ビジネススクールにおける授業は、教員が受講生に対して一方的に行うものではなく、教員と受講生とがともにつ

くりあげていく「**参加者中心型学習**（participant-centered learning）」という方式で行われているためです。

　参加者中心型学習では、クラスにおいて、受講生が多くの発言機会を持ちます。実際に経験してみるとすぐにわかりますが、大勢の受講生の中で発言するのは、結構大変なことで、緊張を強いられることですが、一方で、自分の言いたいことを十分に言えたときなどは、ポジティブな気分の高まりを感じることもあります。また、自分の発言機会をうかがいながら他人の意見に耳を傾けるのは、思考、ときに感情を刺激される経験でもあります。

　読者の皆さんも、本書の学習効果を高めるために、受講生と同じ立場で「授業」に参加していただくと良いと思います。難しい要求をしているわけではありません。途中でクイズがあれば、ぜひまずそのクイズにご自分でチャレンジしてみてください。ケースについても、まずはケース自体をよく読み、できればその後に書かれているアサインメントをひととおり考えたうえで——その作業のためにはケースを再度読むことが必要となるでしょう——ケース討論のパートに進んでいただければと思います。

　そして講義のパートでも、ケース討論のパートでも、読者自身が授業に参加していたら、どのような発言をしたであろうかと考えながら、つまり本書への読者のエンゲージメント−身体的・精神的な自己の使用−の水準を高くしていただければ、本書を読むことの効果、特に実践への応用力が高められることと思います。実践の力は実践をしなければ鍛えられないものですが、エンゲージメント水準の高いケース討論への参加は、実践に近い経験を参加者にもたらすものだからです。

　もっとも、多忙な社会人の受講生に頑張りを強いるのではなく、教材の面白さ、授業内容とスタイルの面白さを通じて、自然と受講生のエンゲージメント水準を高められるかどうか、そこは教員のスキルが問われるところです。既に本章でその片鱗を感じていただけていることと思いますが、受講生のシステム1を刺激しつつ知的興味をそそるよう、教材を最大限に工夫して作成してありますので、自然な形で実況中継にのめりこんでいただければ幸いです。

行動経済学とケースメソッド

　最後に、本書の中核をなすケースメソッドの授業形式が、行動経済学を学ぶにあたって、とても相性の良いものであるということに触れておきます。

　第一に、行動経済学は、現実の人の意思決定が必ずしも合理的でないことをその立脚点としています。行動経済学の基礎を築いたカーネマンたちはそのことを、実験を通じて示しました——本書では、読者にクイズを通じてそうした実験を追体験していただきます——が、行動経済学が行動「経済学」であるためには、そうした意思決定が現実の経済の場面でも生じるものであることが示されなくてはいけません。

　本書に収録したケースには、すべてのケースに、経済的意思決定をシステム1に委ねている経済主体が登場します。ケースを通じて読者は、人の非合理的な判断や選択が、現実の経済の場面でも見られるものであることを十分に理解していただけることと思います。

　第二に、行動経済学は、その研究が実践的な指針を与えるものであることを重視しています。人の非合理性を指摘することは、当然ながら、より合理的な行動への示唆を与えるものだからです。

　しかしいざ実践への指針を与えるとなると、現実は複雑なものですから、様々な文脈への対応が課題になります。そうした具体的な文脈への対応力を鍛えるうえで、ケースのような事実に基づく議論は威力を発揮します。

　非合理的に行動している経済主体がいたとして、その主体に対して、その行動の非合理性を指摘すれば事足りるというほど、世の中単純な話ではないということは、本書に収録したケース、特に「X大学A学長」や「J.C.ペニーのフェア・アンド・スクエア戦略」の討論をお読みいただけば納得していただけると思います。

第三に、行動経済学を実践に活かそうとすると、ときにそれは倫理的な問題をはらむことになります。例えば、システム1で動く投資家が、そのバイアス故に、自ら進んで利益にならない可能性の高い投資を行おうとしているとき、証券の販売業者は、その投資家にどのようなアドバイスを送るべきでしょうか。

　行動経済学の 「活かし方」 のひとつは、そうした投資家のシステム1に迎合した商品を売り込み、目先の営業成績を大いに向上させることです。しかしそうしたあり方は、倫理的に正当なものといえるでしょうか。

　数学と違い、倫理は絶対的な答えのあるものではありません。代わりに頼りになるもののひとつは、社会常識を持つ人たち同士の議論です。本書に収録した、いくつかのケースの議論は、そうした議論の持つ力をいかんなく示してくれています。つまり、教室の受講生は意見を戦わせつつも、議論の中で、一定の倫理を見出してくれているのです。

　前置きが長くなり過ぎました。それでは読者の皆さん、授業を楽しんでいらしてください！

Live
coverage
of
Behavioral
Economics

3

理論＋ケースメソッド
実況中継
──行動経済学

第1講│代表性バイアス/顧客はシステム1で動く

脳の二つのシステム
── 素早く立ち上がる「システム1」

岩澤 ｜ ビジネスを行っていく中で、将来のことに関する意思決定をしなければいけない局面が出てきます。その際（おそらく多くの場合暗黙に、でしょうが）、皆さんは将来起こり得るいくつかのイベントを想定して、そのうちイベントAが起きる確率は50％、イベントBが起きる確率は30％といったかたちで、それぞれのイベントの確率評価を行っているはずです。

　人間はこうした確率の評価をどのように行っているのか？ それは正しく行われているのか？ 間違っているとするとどのように間違うのか？ 第1講の前半ではこういう問題を議論していきます。

　実は、人間は確率の判断がとても苦手なのです。講義を通じて、皆さんにそのことを噛みしめていただきたいと思っています。

　ところで、これからの講義の土台になっているのは、ダニエル・カーネマンとエイモス・トヴェルスキーという二人の学者による研究の成果です。この二人は心理学者として、人間の経済的な意思決定に興味を持って研究を進めました。その結果、**人間の現実の意思決定や行動は、伝統的な経済学が想定するような「ホモ・エコノミクス」── 自分の利益を最大化するように合理的に行動する人間 ── の原理で説明できることばかりではない**ことを示しました。これは経済学においてとても大きな衝撃で、カーネマンはその功績により2002年にノーベル経済学賞を受賞しました（トヴェルスキーは1996年に死去したので共同受賞はできませんでした）。

　カーネマンたちの議論の土台にある考え方は「脳のデュアル・システム（二重過程）」と呼ばれるもので、人間の認識・判断のシステムは「速いシステム」と「遅いシステム」の二つから構成されている、というものです[1]

1　「脳の二重過程」の議論についてはKahneman（2011）を参照。

（図表3）。

　たとえば私が今、窓の外を見たとします。そうすると、まずは外の明る
い雰囲気が伝わってくる。そしてそれが見慣れた東京駅丸の内口の光景
であると感じます。このあたりまでは非常に「速い」認識なわけです。

　一方、その東京駅の光景の中に人が何人いるのだろうと考えるとします。
それは時間のかかることで、こうした思考に対応するのは脳の中の「遅
い」システムなわけです。

図表3 | **人間の認識・判断のシステム**[2]

　脳の中の「速いシステム」は、知覚、感情、直感といったことにより動
かされるもので、これを「**システム1**」と呼びます。「システム1」は立ち
上がりの速いOS（オペレーティングシステム）みたいなもので、努力しなくても、
自動的に素早く立ち上がってくれます。

　一方、もうひとつの部分は分析や推論といった脳の活動に伴って動くも

2　Kahneman（2003）Figure1を簡略化。

ので、「**システム2**」と呼ばれます[3]。「システム2」の立ち上げには労力が必要で、集中してコントロールしていないと動かない、しかもゆっくりとしか立ち上がらないという特徴があります。

　「システム1」と「システム2」の違いと特徴を理解していただくために、次の図をご覧いただきたいと思います（図表4）。

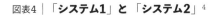

図表4 |「**システム1**」と「**システム2**」[4]

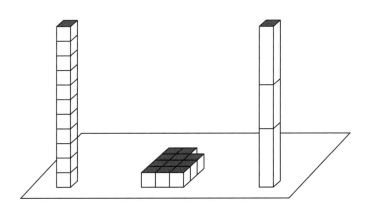

岩澤｜この図を見て、すぐに思い浮かぶことをおっしゃってください。

A｜真ん中が低いです。

岩澤｜そうですよね。そのほかにパッとわかることはありますか？

B｜左のブロックと右のブロックとで、ブロックの数が違っています。

岩澤｜そうですね。それもパッとわかりますよね。形が違いますから。

C｜どれもてっぺんだけ色が黒いです。

岩澤｜色もパッとわかりますよね。類似性、高さ、色ですかね。似ている、似ていないはヒトの「システム1」が持つ大変高い能力のようです。

　たとえば我々は、東京駅の人混みの中で、知り合いに似ている人を発見すると「オッ」と思います。しかしこんな作業を分析的、解析的に行うのはと

3　「システム1」、「システム2」という名称はStanovich and West（2000）からカーネマンが借用したとされるが、Kahneman（2011）により人口に膾炙する用語となった。

4　Kahneman（2003）

ても難しいことで、たとえば人工知能（AI）はごく最近まで、ネコをネコと見分けることもできなかったわけです[5]。

　類似性、高さ、色 — そういったことはすぐにわかるのに対し、たとえば図表4の左のブロックの個数は何個ですか？ と聞かれたらどうでしょう。それはもちろん、時間をかければ数えられるわけですが、時間はかかるし、それなりに労力を要しますよね。ブロックの体積や表面積を求めなさい、という問題に対しても同様です。こうした問題を解決する際に使用する脳が「システム2」なわけです。

人の認識はコンテクストによって変わる

岩澤 ｜ ここでひとつ注意しておきたいのは、ある特定の仕事が、常に「システム1」または「システム2」に割り当てられているわけではないということです。難しい仕事が、ヒントの与えられ方次第で容易な仕事に変わったりすることがあるからです。例をお見せしましょう。

図表5 ｜ **何と読みますか？**[6]

岩澤 ｜ この字はなんと読むでしょうか？

5　ディープラーニング（深層学習）の活用により、AIはこの点で飛躍的な向上を果たした（Markoff 2012）。

6　Kahneman（2003）

D ｜「B」ですかね…。

岩澤 ｜ そうかもしれません。他の意見、ありますか?

E ｜「13」でしょう（笑）。

岩澤 ｜ ですよね（笑）。果たしてこれは「B」なのか、それとも「13」なのか?ディベートをやってもよいのですが、今日一日かけても結論が出ないかもしれません（笑）。一方、次の問題はどうでしょうか（図表6）。

図表6 ｜ **何と読みますか?**[7]

岩澤 ｜ 今度は「この真ん中の字はなんでしょう」と聞かれても、あっという間に答えることができますよね。言うまでもなく「B」です。図表5の字を読むのは難しい仕事、「システム2」を使う仕事だったわけですが、同じ字を読む仕事が今度は一気に簡単になって「システム1」で対応することができるようになったわけです。

　この仕事を簡単なものにしたのは、図表6で「B」の前にある「A」や、その後にある「C」ですよね。この「A」や「C」のことを**コンテクスト（前後関係、文脈）**と呼びます。「コンテクスト」が与えられると、人間はより容易に、直感的に物事を理解できるようになるようです。名商大ビジネススクールがケースメソッドを重視するのは、ストーリーのあるケースで議論すると、ビジネスの知恵を学びやすくなるからなのです。

　もっとも、こうした「コンテクスト依存の理解」には怪しい面もあります。図表7を見てみましょう。

7　Kahneman(2003)

　今度は真ん中の字は 「13」 ですよね。図表7の真ん中の字と全く同じ字であるのにもかかわらず、コンテクストが与えられた瞬間、我々はそれを違った字と認識するわけです。このケースではこの認識は適切なものであり、我々に素早くそうした認識をもたらす 「システム1」 は便利で有用なものなのですが、一方でこの事例は、コンテクストの与え方によってヒトの認識を意図的に操作することが可能になってしまうということを示唆します。

　こうした問題については、あとでビジネスの文脈の中で考えることにしましょう[9]。

ヒューリスティクスの功罪

　ここで 「**ヒューリスティクス（簡便法）**」 という言葉を紹介しておきます。ヒューリスティクスというのは、「問題を解決したり、不確実な事柄に対して判断を下したりする必要があるけれども、そのための明確な手掛かりがない場合に用いる、便宜的あるいは発見的な方法」 のことです。

　たとえば今、外に出たら遠くの空が黒い雲に覆われていたとします。そうしたら、気象予報士でなくても、ほとんどの人は 「雨が降りそうだ」、と

思いますよね。これがヒューリスティクスです。ヒューリスティクスはシステム1の働きですが、とても便利なもので、我々も日常的に使っています。実際、我々の日常生活では、意思決定のほとんどがヒューリスティクスによりなされています。たとえば朝起きてすぐ、歯を磨くべきかトイレに行くべきか、ほとんど何も考えずに、瞬時にどちらかを選択しますよね。これはヒューリスティクスが「ここはやはりトイレでしょう」と教えてくれるわけです（笑）。便利ですね。

　一方、「アルゴリズム」というのは「手順を踏めば厳密な解が得られる方法」のことで、この手順を考えるにはシステム2を動かす必要があります。しかし我々の日常生活においては、アルゴリズムのような厳密な手続きに従って判断を下す余裕が常にあるわけではありませんよね。より素早く、大きな労力も必要とせずに答えを出すことができるヒューリスティクスは、なかなか素晴らしいものなのです。

　しかしヒューリスティクスにはマイナス面もあります。ヒューリスティクスは完全な解法ではありませんので、時にはとんでもない間違いを生み出すこともあるわけです。ここからは皆さんのヒューリスティクス、システム1がどのように間違いを犯すのか、それをいくつかのクイズを通じて体験していただきたいと思います。

【問題1】

　下の写真を見てください（図表8）。二つの馬のおもちゃが写っています。今、定規が手元にあったとして、写真に定規をあてて、それぞれのおもちゃの「（長いほうの）弦」の長さを測ったとします。上のおもちゃの「弦」、下のおもちゃの「弦」は、それぞれ何cmになるでしょうか。定規を使わずに推測をして、「上は何cm、下は何cm」と答えてください。

図表8 ｜ **赤ちゃんと二つの馬のおもちゃ**[10]

【問題2】

コインを6回投げたとします。そのときの結果として考えられる、

1｜表、裏、裏、表、裏、表
2｜表、表、表、表、表、表
3｜裏、表、裏、裏、裏、表

の3通りのうち、もっとも出やすいものはどれでしょうか？　逆にもっとも出にくいのはどれでしょうか？　もっとも出やすいと考えられる順番に、たとえば「1>2>3」というように並べて答えてください[11]。

REVIEW

それでは、問題をレビューしましょう。まず【問題1】について、皆さんの回答をお聞きします。「上が何cm」「下が何cm」と答えてください。

A｜上が3cm、下が2.5cm。
B｜上下ともに2.5cm。
C｜上が3.5cmで、下が2cm。
D｜上が2.5cmで、下が2cm。
E｜上が3cmで、下が2cm。
F｜上が1.7cm、下が1.5cm。
G｜上が2cm、下が1.5cm。
H｜上も下も1.7cm。

岩澤｜答えが真っ二つに分かれましたね。上のほうが長いと判断した人と、上も下も同じと答えた人がいます。どちらかに手を挙げてください。

上のほうが長いと答えた人？

（80％が挙手）

11　Kahneman and Riepe (1998)のQuestion 4を翻案。

上も下も同じだと答えた人？

（20％が挙手）

　上も下も同じだと答えた皆さん、皆さんは変わり者です（笑）。この変わり者の方たちにお聞きしましょう。なぜ同じだと判断をしたのか、理由を聞かせてください。

I｜ 遠近法で考えてしまいそうになりましたが、純粋におもちゃだけで判断すると、同じぐらいに見えます。

岩澤｜ システム1を使うと、つい遠近法の見方が思い浮かんでしまう。だから遠近法を排除したということですね。

J｜ 上のおもちゃの弦の両端から上に補助線を引き、下のおもちゃの弦の両端から下に補助線をそれぞれ引いて、絵の外の空白に弦の幅と同じ線を引いて、写真の情報をすべてカットした状態でサイズを見比べると、同じ長さに見えました。

岩澤｜ 遠近法を排除するだけでなく、写真に写っている情報も排除したわけだ。さて、正解はどうでしょうか？ 定規を持っている人、測ってみてください。

K｜ 上が1.7㎝、下も1.7㎝です。

一同｜ おお！

岩澤｜ 多くの皆さんが「上のおもちゃのほうが長い」と判断した理由は遠近法の見方ですね。人間は写真を見るとき、普通は遠近法的な見方で見ます。それは写真の中の情報を三次元の情報として解釈しているということです。そうすると、どうしても上の馬のほうが遠いところにありますから、大きく見えるわけです。しかし私が皆さんに要求したのは、写真を三次元で解釈することではなく、写真上の馬の弦の長さを測るという、写真の情報を二次元で解釈する仕事だったのです。

　写真を二次元で解釈するという仕事は、皆さんにとってはやり慣れているものではありませんから、難しい仕事ですよね。皆さんの脳は、難しい仕事をやれと言われると、それを自分にとって馴染みのある易しい仕事に勝手に変換して対応するのです（笑）。システム2を使うのを嫌がって、自然とシステム1で対応してしまうわけですね。

カーネマンたちは、 こうした事態を**「属性の置き換え**（attribute substitution） [12]**」**と呼びました。ある判断を行う際に、人間はその判断の対象となっている属性を置き換えることにより、仕事を自分にとって容易なものにする傾向がみられる、ということです。これからいくつかの問題をやりますが、そこで繰り返し起こるのはこの 「属性の置き換え」です。

先に行く前に、ひとつ確認しておきましょう。先ほど、少数のほうが 「上も下も同じ」という正解に辿り着いたわけですが、その方々は、「遠近法を排除する」とか 「補助線をひいて」とかおっしゃっておられました。彼らはシステム1が立ち上がるのを意図的に排除して、 意識的にシステム2を使った、ということがわかります。「意識的にシステム2を使う」というのは、原始的なやり方ですが、 システム1がミスを犯しやすい場面で自分をマネジメントするひとつの方法ですので、 覚えておいてください。

続いて 【問題2】にいきましょう。問題をここに再掲しておきます。コインを6回投げたときの順列として考えられる、

1|表、裏、裏、表、裏、表
2|表、表、表、表、表、表
3|裏、表、裏、裏、裏、表

の3通りのうち、出やすいと思う順に 「1>2>3」のように続けてください、という問題でした。皆さんの回答をお聞きしましょう。

M｜ 1>3>2。
N｜ 1>3>2。
O｜ 全部一緒。1=2=3。
P｜ 3>1>2。
Q｜ 全部一緒。

12 Kahneman（2003）

岩澤｜ それ以外の意見ありますか? では皆さんに聞いてみましょう。

「1>3>2」だと思う人?

（約半数が挙手）

「3>1>2」だと思う人?

（約1割が挙手）

「全部一緒（1＝2＝3）」だと思う人?

（約4割が挙手）

ありがとう。まず、一番多かった意見の「1>3>2」の人に聞いてみましょう。なぜそう思われたのか、理由を聞かせてください。

M｜ システム1を使って直感的に考えてしまいました。

岩澤｜ しまいました?（笑）。どのようにシステム1を使ったら「1>3>2」になりましたか?

M｜ 同じものが連続して出てくるケースはなかなか考えにくいのではないかと思い、連続性がまばらなものから順に出やすいと考えました。

岩澤｜ 表が6回も連続しているから2が起こりにくそうなのは明らかですよね。3より1のほうが出やすいと考えたのはなぜですか?

M｜ 3は、裏が3回続いているからです。

岩澤｜ 3は「裏、裏、裏」。ここが不自然だと。1は裏が2回続けて出ているだけだから、なんとなくもっとも自然に感じたということですね。同じ「1>3>2」のNさんはどうですか?

N｜ 3は裏が4回出ています。1は表も裏も3回ずつで、こちらのほうがよりあり得ると思いました。

岩澤｜ 1は表と裏が3回対3回。でも3は表が2回で裏が4回。1のほうが出やすいに決まっているよねと。説得力ありますね。今度は「3>1>2」のPさんに聞いてみましょう。

P｜ 1は表と裏がバラバラに出ていてなんかこう、少しわざとらしいというか（笑）。3のほうが表2回、裏4回ってあたりにリアルさを感じまして「3>1>2」としました。

岩澤｜ 表2回、裏4回ってほうがリアルに感じるわけだ。おもしろい感性ですね（笑）。わかりました。では今度は「すべて一緒（1＝2＝3）」の人、反論してください。

○│ 表が出るのも裏が出るのも確率は1/2で、1）の「表、裏、裏、表、裏、表」の順で出る確率は1/2の6乗＝1/64です。2）は「表、表、表、表、表、表」ですが、これもこの順で出てくる確率は1/64、3）も同じですね。

岩澤│ ありがとう。わかりやすかったですね。正解です。

　言い方を変えて解説しましょう。コインを6回投げたときに、表と裏の2通りが出る機会が6回あるから、パターンの違う順列を全部書き出してみると64（＝2×2×2×2×2×2）通りあります。その64通りの順列のひとつが出る確率はどれも同じで1/64。そして上の3つはどれもその64通りの順列のうちのひとつですから、出る確率はどれも1/64、というわけです。

　しかし皆さんの中の半分以上の方は、この3つの出やすさが同じとは思わなかったようです。なぜそう思わなかったのかは、皆さんの議論から明らかですよね。「表、表、表、表、表、表」が目を引くわけです。目立ちますよね。これは印象です。そしてこれを「目立つ」と感じるのは皆さんのシステム1なんです。

　そしてここでも、間違えてしまった皆さんの心の中では「属性の置き換え」が起きています。皆さんに与えた課題は「出やすさの評価」、つまり確率の評価でした。しかしこれは難しい仕事です。そこで皆さんは、確率の評価の代わりに、印象の評価を行ったわけです。

大数の法則と少数の法則

岩澤│ 皆さんの間違いの分析をもう少しやってみましょう。印象の評価によって「1＞3＞2」と感じたり、「3＞1＞2」と感じたりする人がいたわけですが、多数は「1＞3＞2」でした。これはやはり「表3回、裏3回」ででたらめに出ている感じのある1のほうが、「表2回、裏4回」の3より出やすい。多くの人にはそう感じられるということだと思います。

　確率論の基本的な定理のひとつに「大数の法則」というものがありま

す。コインを投げたときに表が出る確率は1/2ですが、実際にコインを投げて、表が出た回数から確率を計算したときに、それが1/2に近い値をとるのは、かなりたくさん投げたときのことなのです。

たとえば1万回コインを投げたとしましょう。そのとき表が出る回数は、たとえば4,852回とか5,123回のはずなんですね。そうすると確率はそれぞれ48.5％、51.2％で、ほぼ50％ですよね。そして直感的に明らかだと思いますが、コインを投げる回数が多ければ多いほど、表が出た回数から計算した確率は50％に近づきます。これを「**大数の法則**（Law of large numbers）」と呼びます。

さて、この「大数の法則」はサンプル数が小さいときには成り立ちません。たとえばコインを6回投げたときには、結構な確率（＝1.6％）で、表が6回連続で出てしまいます。同じように、表は5回ということもあれば、0回ということもある。表が出た回数から確率を計算しても、それが1/2に近い保証はまったくないわけです。なくて当たり前なんですね。

ところが人間はそう感じないのです。サンプル数が小さい場合でも「大数の法則」が成り立っているべきであると感じてしまいます。コインを6回投げたら3回は表が出るべきであると、そのように感じる傾向があるようです。カーネマンたちはこの現象を（皮肉をこめて）「**少数の法則**（Law of small numbers）」と名づけました[13]。

我々は「少数の法則」的な発想にとても馴染んでいます。たとえばこんな問いを考えてみましょう。今コインを6回投げたら、「表、表、表、表、表、表」となりました。さて、次はどちらが出るでしょう？

R│裏、です（笑）。

岩澤│そうですよね（笑）。なぜですか？

R│そりゃ、7回連続はあり得ないですよ（笑）。

岩澤│ありがとう。わかっていておっしゃっていただいているんだと思いますが、Rさんのおっしゃったことは間違いですよね。表が出る確率も裏が出る確率も1/2なのですが、「少数の法則」的な発想だと、「7回連続はあり得ない」となるわけです。ところで、次は「表」、という人はいませんか？

---

13 Tversky and Kahneman（1971）

S｜表です（笑）

岩澤｜はい、なぜでしょう?

S｜いや、これはもう、「今日は表、キテるわー」みたいな感じですよね（笑）。

岩澤｜そういう考え方、感じ方ですかね。ありますよね。この場合、表が6回出たことで、Sさんの頭の中ではこのコインが、表の出やすい特別なコインということになってしまった（笑）。従って、7回目は当然表が出るべきなんだという発想になってしまっているわけです。

　実はこの感覚は、株式市場の参加者の間に広くみられる発想です。そこで、これから投資信託に関するケースを議論したいと思うのですが、その前にもうひとつだけ用語の説明をしておきます。

代表性バイアス

岩澤｜今の事例で、コインを6回投げたときの結果として、多くの人が「表3回、裏3回」であるべきだと考えているということがわかりました。

　ヒトはある事象を見るときに、その事象の「あるべき姿」のようなものをパッと思い浮かべるようです。その「あるべき姿」というのは、「表3回、裏3回」のように、確率的な根拠がまるでないわけではない。しかし問題は人が、そのパッと思い浮かべた「あるべき姿」を基に、確率的事象について誤った判断をしてしまいがちだということです。「7回目こそは裏がくる」、あるいは、「7回目も表に違いない」、というようにです[14]。

14　コインを6回投げたとき、「表が6回連続」で出る確率は1/64＝1.6%であるのに対し、「表が3回、裏が3回」出る確率は6C3/26＝31.3%であり、前者と後者とを比べると、後者の方が生じやすい事象であることは間違いない。しかしこの「一抹の真実（a kernel of truth）」は、「7回目こそは裏がくる」や「7回目も表に違いない」ことの根拠にはならない。つまり代表性バイアスに晒されている人は、データの中に含まれる「一抹の真実」を過大に評価し、それを判断の根拠としてしまっていると言える。こうした判断のバイアスは普遍的にみられるものであり、金融市場の大きなボラティリティや、人の属性についてのステレオタイプ的な判断など多くの事象の背景と見ることができる（Gennaioli and Shleifer 2018, Bordalo et al. 2016）。

カーネマンとトゥベルスキーはこうした現象を**「代表性バイアス」**と名づけました[15]。代表性バイアスとは、パッと思い浮かぶ「あるべき姿」を必要以上に重視してしまうことによる判断のバイアスのことを指します。

　株式市場は投資家の「代表性バイアス」のかかった判断に満ちた世界です。ケースを議論しましょう。

15　Tversky and Kahneman（1974）

投資信託と日本の個人投資家[16]

　2017年4月7日、森信親金融庁長官は「次の一手」について頭を巡らせていた。彼は日本証券アナリスト協会の第8回国際セミナーにおいて「日本の資産運用業界への期待」と題する講演を終えたところであった。その講演で森は現状、日本の資産運用業界の業務運営が「顧客本位」になっていないと述べ、業界を批判したのだった。講演を聞いていた業界関係者は凍りつくかのように静まり返っていた。そうした反応を感じつつ、森は自分の講演が日本の資産運用業界を顧客本位なあり方に転換していく力になるであろうかと自問していた。業界を適切な方向に動かすために、一体何をすればよいのだろうか。

日本の個人投資家の金融資産

　日本の家計は巨額の金融資産を保有している。2017年3月末時点において、日本の家計の金融資産は1,809兆円、日本のGDPのおよそ3倍の規模に達していた。しかし日本の個人投資家はその資産の半分以上を現金・預金の形で保有し、株式や投資信託といったリスク資産への投資は両方合計して約15%と、比較的小さなものにとどまっていた。米国や欧州の家計ではこの点が大きく異なっており、米国では47%、欧州では27%が株式及び投資信託への投資に充てられていたのである（図表9）。

16　本ケースは筆者がクラス内での討論を行うことを目的として作成したものである。記載された内容、名称、数値等は入手された資料に基づいているが、必要に応じて改変もしくは偽装されており、ケース内に登場する企業／組織の経営の巧拙を問うものではない。

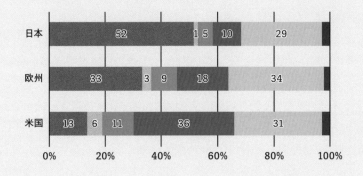

図表9 ｜ **日本、米国、欧州の家計の金融資産の構成比（2017年3月末）**

■現金・預金　■債務証券　■投資信託　■株式等　■保険・年金・定額保証　■その他

出所：日本銀行（2017）

　日本の個人投資家が金融資産への投資においてこうした保守的なアプローチをとる背景には、いくつもの要因があった。

　ひとつの重要な要因は、長期にわたって日本経済のデフレ的な傾向が続いてきたことである。過去20年間、日本のGDPデフレータはほぼ前年比でマイナスの推移をたどってきた（図表10）。デフレ経済の下では、現金の価値が目減りすることはなく、従って人々のリスク資産投資への選好は弱かったのである。

図表10 ｜ **日本のインフレ率（GDPデフレータ前年比）**

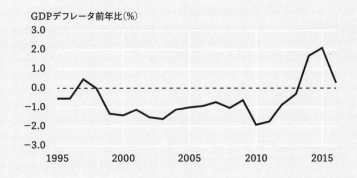

GDPデフレータ前年比（%）

(注) GDPデフレータは、名目GDPから実質GDPを算出する際に使用される物価指数

内閣府資料より著者作成

しかしもうひとつの重要な要因は、日本の個人投資家が、株式市場に参加することで、あるいは株式投資信託に投資をすることで報われる経験に恵まれてこなかったことである。

日本の株式市場は1980年代後半にバブルを経験し、1990年以降そのバブルは崩壊した。そして1989年12月末の日経平均株価の高値38,915円は今日（2017年3月時点）に至るまで更新されないままでいる。これは、平均的に見ると、1990年の初頭に日本の株式に投資をした投資家がいたとすると、その投資家はその後27年にわたり保有していても、その投資からは損失が生じているということを意味している。

さらに、多くの個人投資家たちが、単純な「バイ&ホールド」、つまり買い持ちの長期投資戦略を好まず、株式を「良い時期」に投資しようとしていたのだが、こうした投資行動はしばしばかえって悪い方向に働くのであった。

最後に、これは欧米でも見られる現象なのだが、日本の個人投資家は、投資信託を購入する際、「パッシブ投信」と呼ばれる株価指数と投資パフォーマンスが連動するタイプの商品よりも、「アクティブ投信」と呼ばれる、ファンド・マネージャーが投資対象の銘柄を選別し、それによって株価指数を上回る投資パフォーマンスを目指すタイプの商品を好む傾向にあった。

そしてこの選好も、彼ら個人投資家の資産を増やすために貢献しなかった。というのは、平均的に見た場合、「アクティブ投信」の運用成績は「パッシブ投信」のそれを下回ることが多く、それでいて前者の手数料は後者のそれよりもかなり大きいからであった[17]。

17　たとえばFrench（2008）は「1980年から2006年における米国株式市場では、典型的な投資家は、その運用手法を（アクティブ型から）パッシブ型に切り替えるだけで年間67ベーシス・ポイントの運用成績改善を果たすことができたとみることができる」と述べている。また、Gil-Bazo and Ruiz Verd（2009）は、米国の（日本の投資信託に相当する）ミューチュアル・ファンドを調査し、手数料率の高いものほど、手数料控除前の運用パフォーマンス（単位リスク当たりのリターン）が低いことを実証している。

投資信託とそのサプライ・チェーン

　個人投資家が株式投資を行う際には、自分で株式を購入することもできるが、機関投資家と呼ばれるプロの投資家に資金を預けて運用してもらうこともできる。その代表的な運用対象が投資信託である。一般的に言って、投資経験があまり豊富でない投資家や、新たに投資をしてみようという投資家は、いきなり個別株式の運用を自分でするのではなく、投資信託を購入することからスタートするのが普通である。

　投資信託とは、投資家から資金を集め、その資金を投資信託運用会社のファンド・マネージャーが株式や債券といった証券に投資し、その運用成果を投資家に還元する形の金融商品である。投資信託には、債券のみに投資すると定められている債券投資信託と、株式に投資を行うことのできる株式投資信託（以下「株式投信」と略す）とがある。

　日本では、広く個人投資家から資金を集める公募投資信託は、その大半が株式投信である。2017年3月末時点で、公募投資信託の残高が98兆円であったが、そのうち85兆円が株式投信であり、これは、日本の家計の金融資産の約5%を占めていた。株式投信は株式に投資をする投資信託であるから、個人投資家は、株価がこの先上がるとの期待を持つ時期に株式投信の購入に意欲を示す傾向があった。

　個人投資家が投資信託を買う際には、証券会社や銀行を通じて買うことができる。日本の投資信託運用会社は、その多くが証券会社の系列会社となっており、その場合、投資信託運用会社の商品は、その系列の証券会社を通じて販売されるのが一般的であった。

　投資信託の購入には費用がかかる。まず投資家は、投資信託を販売した証券会社や銀行には販売手数料を払わなければいけなかった。販売業者や商品によって異なるが、手数料は投資信託への投資金額の0-3%であった。一般的に、アクティブ型の投資信託の販売手数料は、パッシブ型の投資信託のそれを上回っていた。販売手数料に加え、投資家は

自分の資金を運用する対価として、投資信託会社に対して信託報酬を支払わなければならない。信託報酬は年に0.5-2%程度であった。

森信親金融庁長官

森信親は2015年7月に金融庁の長官に就任した。金融庁の業務は、金融庁法第三条に定められており、日本における「金融の機能の安定を確保し、預金者、保険契約者、有価証券の投資者その他これらに準ずる者の保護を図るとともに、金融の円滑を図ること」である。金融庁はこの目的に向け、銀行、保険、証券などの各企業を監督し、各種の法規制を定めている。

森にとって、当時の重要課題のひとつは日本の個人投資家の資金を、現金・預金といった安全資産から、株式・投資信託などのリスク資産により振り向けることであった。彼は日本の投資家がよりリスク資産に投資を行えば、株価の上昇を通じ、それが日本の企業の積極的な投資を促し、ひいては日本経済の活性化につながると考えていたのである。

森は日本の個人投資家のリスク資産投資を妨げるひとつの重要な要因が、金融機関の個人投資家へのリスク資産の販売方法にあると考えていた。彼は日本の金融機関が、短期的な利益最大化を目指した行動をとっており、そのことが投資家の長期的な資産形成を犠牲にする結果になっているのではないかと考えていたのである。

2017年4月、森は日本証券アナリスト協会の第8回国際セミナーにおいて「日本の資産運用業界への期待」と題する講演を行った。聴衆の多くは、日本の金融機関で働く実務家たちであった。

この実務家たちの前で、森は次のように述べた。

「私は、ここ数年、金融機関に対し「顧客本位の業務運営」をしてくださいと一貫して申し上げてきました。企業が顧客のニーズに応える良質

な商品・サービスを提供し続けることが、信頼に基づく顧客基盤を強固なものにし、供給者である企業の価値向上につながることは、金融機関のみならず、およそすべての企業に当てはまる原則だと思います。

　資産運用の分野でも、お金を預けてくれた人の資産形成に役立つ金融商品・サービスを提供し、顧客に成功体験を与え続けることが、商品・サービスの提供者たる金融機関の評価を高め、その中長期的な発展につながることは当然のことです。

　マイケル・ポーターは、これをCreating Shared Value（共通価値の創造）と呼びましたが、金融機関による共通価値の創造は、顧客と金融機関の価値創造にとどまらず、経済や市場の発展にもつながるものと考えます。

　しかしながら、現実を見ると、顧客である消費者の真の利益をかえりみない、生産者の論理が横行しています。特に資産運用の世界においては、そうした傾向が顕著に見受けられます[18]」

アクティブ投信とパッシブ投信

　森が資産運用の世界で顧客の真の利益が顧みられていないとする証左として問題視していたことのひとつは、業界がパッシブ投信に比べ、圧倒的に多くのアクティブ投信を販売しており、そのアクティブ投信がパッシブ投信に比べ運用成績の面で劣っていることであった。

　森によれば「日本で売られている公募株式投資信託は5,406本ありますが、そのうちインデックス型株式投信は381本[19]」であり、これは日本の金融機関がパッシブ投信よりもアクティブ投信を売りたがっていることの証左であった。

18　森（2017）
19　森（2017）

加えて、アクティブ投信はパッシブ投信に比べ運用成績が劣る傾向にあった。森によれば「10年以上存続している日本の株式アクティブ型投信281本の過去10年間の平均リターンは信託報酬控除後で年率1.4%であり、全体の約三分の一が信託報酬控除後のリターンがマイナスとなっていました。ちなみに、この10年間で日経平均株価は年率約3%上昇して[20]」いたのだから、この期間にインデックス投信に投資をしていたほうが、平均的なアクティブ投信に投資をしていたよりましであったということになる。

マーケット・タイミング

森が指摘したもうひとつの問題は投資家が投資信託を購入するタイミングについてであった。森によれば、金融商品は「安く買って高く売ることが基本[21]」であるが、実際には「個人が買う株式投信の売れ行きを過去に遡ってみても、株価のピークで株式投信が最も売れる傾向に[22]」ある。

日本株投信への資金流出入、つまり個人投資家がどの程度日本株を組み込んだ株式投信を購入したかのデータと、日経平均株価を比較した（図表11）は森の論点を裏づけている。株価の底値圏では投資信託への資金流出入は小さく、株価上昇とともに、日本株投資資金への流入は増加する。そして投信市場への流入資金は株価のピーク近辺で最大になる傾向が見られる。

20 森 (2017)
21 森 (2017)
22 森 (2017)

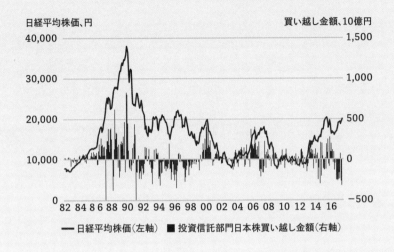

図表11 | 投資信託の日本株買い越し金額と日経平均株価 [23]

日経平均株価、円

40,000

30,000

20,000

10,000

0

買い越し金額、10億円

1,500

1,000

500

0

−500

82 84 86 88 90 92 94 96 98 00 02 04 06 08 10 12 14 16

── 日経平均株価（左軸）　■ 投資信託部門日本株買い越し金額（右軸）

金融庁の対応

　森が長官に就任して以来、金融庁は、金融機関が「顧客本位の業務運営」を行うよう指導を行ってきた。森は次のように述べた。

　「こうした現状を変えるべく、金融庁は、金融審議会における半年にわたる議論を踏まえ、「顧客本位の業務運営に関する原則」を確定し、公表しました（参考資料）。

　国民の安定的な資産形成を図るためには、金融商品の販売、助言、商品開発、資産管理、運用等を行うすべての金融機関が、インベストメント・チェーンにおける各々の役割を認識し、顧客本位の業務運営に努めることが重要です。

　しかしながら、金融機関の業務運営の実態は必ずしもそうはなっておら

23　日本取引所グループ、日本経済新聞資料より著者作成。

ず、国民の安定的な資産形成が図られているとは言い難い状況にあります[24]」

　「顧客本位の業務運営に関する原則」は、インベストメント・チェーンに関わるすべての金融事業者に当てはまるものです。それぞれが顧客本位の業務運営の観点から、自らの責務を全うするため、その能力を向上させるために何をすればよいかを、経営が先頭に立って真剣に考え実行することが、それぞれの組織の価値向上につながり、日本の運用業界、市場の発展、国民の安定的な資産形成をもたらすものと信じています。

　これからも皆さまと一緒になって、わが国の資産運用業の発展に取り組んでいきたいと考えております。よろしくお願い申し上げます[25]」

森長官、次の一手

　講演を終え、森は一息ついた。しかし森は楽観的な気分にはなれなかった。「原則」を提示するだけで、日本の資産運用業界が大きな変化を示すとは思えなかったのである。では変化を起こすためには、何をすればよいのだろうか? 森は、金融庁の「次の一手」を考え始めていた。

【参考資料】金融庁「顧客本位の業務運営に関する原則[26]」（平成29年3月30日）

原則1【顧客本位の業務運営に関する方針の策定・公表等】
　金融事業者は、顧客本位の業務運営を実現するための明確な方針を策定・公表するとともに、当該方針に係る取組状況を定期的に公表

24　森（2017）
25　森（2017）
26　金融庁（2017a）

すべきである。当該方針は、より良い業務運営を実現するため、定期的に見直されるべきである。

原則2【顧客の最善の利益の追求】

金融事業者は、高度の専門性と職業倫理を保持し、顧客に対して誠実・公正に業務を行い、顧客の最善の利益を図るべきである。金融事業者は、こうした業務運営が企業文化として定着するよう努めるべきである。

原則4【手数料等の明確化】

金融事業者は、名目を問わず、顧客が負担する手数料その他の費用の詳細を、当該手数料等がどのようなサービスの対価に関するものかを含め、顧客が理解できるよう情報提供すべきである。

原則5【重要な情報の分かりやすい提供】

金融事業者は、顧客との情報の非対称性があることを踏まえ、上記原則4に示された事項のほか、金融商品・サービスの販売・推奨等に係る重要な成功を顧客が理解できるよう分かりやすく提供すべきである。

原則6【顧客にふさわしいサービスの提供】

金融事業者は、顧客の資産状況、取引経験、知識及び取引目的・ニーズを把握し、当該顧客にふさわしい金融商品・サービスの組成、販売・推奨等を行うべきである。

(注) 原則3及び原則7は本ケースの議論との関連性が低いため省略した。

Assignment

第**1**講｜アサイメント（課題）

☑ 森信親金融庁長官が
金融機関を批判しているのはなぜか

☑ アクティブ投信がパッシブ投信に比べ
運用成績の面で劣る傾向があるにも
かかわらず、アクティブ投信の
売れ行きのほうが大きいのはなぜか

☑ 図表11から、日本の個人投資家の
投資信託への投資行動について、
どのようなことが読み取れるか。
株価のピークで株式投信が
最も売れる傾向にあるのはなぜか

☑ 金融機関に「顧客本位の業務運営」
を促すために、金融庁は「原則」を
示す以上のことができるか。
できるとすれば、何をすればよいか

投資信託の仕組み

岩澤｜ケースの討論を始めましょう。最初に「投資信託」という商品について確認します。投資信託というのはどんな商品でしょうか?

A｜個人投資家から資金を預かり、その資金を投資信託のファンド・マネージャーが株式などに投資します。そして運用の成果を投資家に還元する。投資家はその運用成果を享受するために投資信託を購入します。

岩澤｜ありがとう。それが投資信託です。今Aさんが触れてくれましたが、投資信託を買うのは個人投資家ですよね。どんな個人投資家でしょうか?

B｜資産を増やしたいけれど、株にはあまり詳しくないという人が多いと思います。自分で個別銘柄に投資するほど株の知識があるわけではなく、運用はファンド・マネージャーにお任せ、みたいな人ですかね。

岩澤｜株式投資にそれほど詳しいというわけではない人たちが主要な買い手であるということですね。投資信託の売り手はどうでしょうか? 誰が売っていますか?

C｜銀行や証券会社などの金融機関です。

岩澤｜そうですね。皆さんの中で投資信託を買った経験のある人はどれくらいいらっしゃいますか? (挙手多数) かなりいますね。どこで買ったか、聞いてみましょう。

D｜会社の401k (確定拠出年金) で買いました。

岩澤｜なるほど、そういうパターンもありますね。金融機関の窓口で買ったという人はいますか?

E｜M銀行の窓口で買いました。

岩澤｜銀行で買ったのですね。最近は証券会社だけでなく、銀行も「窓口販売」という形で投資信託を売っています。もう少し売り手について整理しておきましょう。売り手はどのようにして儲けを得ているのでしょうか? 銀行や証券会社は投資信託を販売しているわけですが、その前に投資信託の運

用を行うファンドマネージャーや投資信託会社があります。それぞれどのよう
にお金を儲ける仕組みになっているのでしょうか? 説明してください。

F｜ 銀行や証券会社は販売手数料を得ています。

岩澤｜ 販売手数料はどのような仕組みになっていますか?

F｜ 投資信託の購入金額の何%という、一定の比率を受け取ります。

岩澤｜ 購入金額の一定比率ですね。たいていコミッションは0-3%の間に設
定されています。100万円を投資して手数料1%の場合、1万円とられるわ
けです。ファンドマネージャーや投資信託会社はどうやって儲けているので
しょうか。

G｜ 投資家から資金を預かっている間、1年に預かり金額の0.5-2%を
信託報酬として受け取ります。

岩澤｜ 信託報酬ですね。信託報酬は顧客から預かったお金の一定比率
ですから、投資信託会社は顧客から預かる資産の金額を大きくしたいは
ずです。顧客から預かっている資産の規模のことを受託資産残高 (Asset
Under Management｜AUM)といいますが、投資信託会社はAUMを大きくす
ることに関心を持っているでしょう。このことを確認して議論を進めましょう。

森金融庁長官の懸念

岩澤｜ 次に金融庁について整理します。森信親金融庁長官は投資信託
業界に対して批判的な目を向けているようです。2017年4月、日本証券アナ
リスト協会のセミナーで、業界の関係者を前に、次のように述べました。
「私はここ数年、金融機関に対して、顧客本位の業務運営をしてくださいと
一貫して申し上げてきました。しかしながら現実を見ると、顧客である消費
者の真の利益を顧みない、生産者の論理が横行しています。とくに資産運
用の世界については、そうした傾向が顕著に見受けられます[27]」

27 森 (2017)

業界の関係者を前に、あなた方は顧客本位の業務運営をしていない、消費者の真の利益を顧みていない、生産者の論理が横行していると言っているわけです。かなりキツイですよね。一体森長官は、資産運用業界のどのような点を批判しているのでしょうか？

H｜まず大きな問題として、消費者、つまり日本の個人投資家が投資信託をあまり持っていないんですよね。

岩澤｜そうでした。証拠となる具体的な数字を挙げられますか？

H｜はい。金融資産に占める投資信託の比率をみると、日本は5％ですが、米国は11％、欧州は9％です。一方、日本では金融資産の52％が現金・預金で、要するにリスク資産への投資をしていない。

岩澤｜なるほど。で、金融庁はそのことをどう考えているのでしたっけ？

H｜日本の個人投資家が投資信託をあまり持っていないのは、投資の成功体験が少ないからだろうと。それで投資の成功体験が少ない理由のひとつに、金融機関の、投資信託の販売の仕方に問題があるのではないかと考えていると思います。

岩澤｜OK。どうも個人投資家は、金融機関が販売する投資信託を買っても儲かってないようですね。金融機関の投資信託の販売の仕方には、どのような問題があるのでしょうか？

I｜運用成績が良いと思われる投資信託を売るのではなく、手数料がより稼げる投資信託を売ることに熱心であるという問題があると思われます。アクティブ投信とパッシブ投信を比べると、パッシブのほうが運用成績は良いのに、金融機関がアクティブ投信を売りたがっている。なぜかというと、アクティブを売るほうが手数料が高いからなのでしょう。

岩澤｜顧客の立場に立てば、当然運用成績が良いものを売ってほしいですよね。でも運用成績の良くない方を、手数料がとれるからという理由で売っている。これは確かに「顧客本位」とは言えなさそうです。他に、金融機関の投資信託の販売の仕方にはどんな問題があるでしょうか？

J｜顧客の知識が少ないからなのでしょうが、運用成績が良いものを売るという営業ではなく、運用成績に関係なく、そのとき売れる商品を売れるときに目一杯売ってガンガン手数料を稼ぐ、みたいな営業になっていると思います。

岩澤｜具体的にはどのような営業を指しておっしゃっていますか?

J｜株価のピークに大量に投資信託を売っているんですよね。買った人はみんなその後大損しているのに、そういうタイミングで大量に売っている。

岩澤｜なるほど。

システム1で動く個人投資家

岩澤｜金融機関の販売姿勢に問題があるのではないかということですが、個人投資家はそんな自分が損をするような商品をなぜ買ってしまうのでしょうか。今度は個人投資家の問題点を議論しましょう。まず今の問題ですが、個人投資家は株価のピークに大量に投資信託を買っているんですね。

　ここで図表11を見ると、個人投資家が大量に日本株投信を買い越した時期は、たいがい日経平均株価のピークのときで、そのあと株価が下落に転じる時期です。1989年、2000年、2006年、みんなそうですね。なぜそうなってしまうのでしょうか?

K｜買っているときには、もっともっと上がるだろうと思って買ってしまうのだと思います。

岩澤｜そうでしょうね。株価があそこでピークだったっていうのはあとからわかる話で、そのときはもっと上がると思っているんでしょう。Kさん、なぜもっともっと上がるだろうと思うんでしょうね。

K｜株価が上昇してくると、その上昇トレンドが続くと感じるのだと思います。

岩澤｜なるほど。Kさんのおっしゃるように、どうも投資家は直近の株価動向を見て、そのトレンドを引き延ばして株価の予想をする傾向がありそうです。「表、表、表」と続くと、投資家は次を「表」と予想するようになるみたいですね(笑)。システム1思考です。そしてその予想は表が続けて出る回数が多くなるとともに、より強化されるようです。

図表11を見ると、株価が上がれば上がるほど、投資家はより多くの資金を投資信託に投入する傾向が見えますよね。上がれば上がるほど、先高期待が強くなるのが投資家心理の特徴のようです[28]。

　この「トレンド思考」の他に、株価のピークに投資家が株式投信を買いたくなる事情として思いつくことはありますか？

L│ 株価が上がっている時期ですから、投資家の資金に余裕ができていて、余剰資金を投資したくなるのだと思います。

岩澤│ おカネの余裕がある。大事なポイントですよね。あとはどうでしょう？

M│ 景気もいい時期でしょうから、株式投資をしていない個人も、資金的にも精神的にも余裕があるのではないでしょうか。

岩澤│ なるほど。イケイケムードですね。

N│ 周囲の影響があるのではないでしょうか。株で儲けたとかいう話をする人が周りにいると、影響を受けて自分も何かするか、とか。

岩澤│ 社会的な影響、あるでしょうね。まだありますか？

O│ これは個人投資家の事情というよりは、販売業者の話になってしまいますが、個人投資家が投資をしたがっているのがわかりますから、証券会社や銀行が販売攻勢を強めるのではないでしょうか。今こそ営業がんばるぞ、みたいな話で。

岩澤│ なるほど。需要があるのだから供給しなければ、というわけですね。

　ところで、図表11でもうひとつ大事なのは、日経平均の底値で、投資信託への資金流入がほとんど起こっていないということです。たとえば1982年、2003年、2012年ですね。投資の基本は「安く買って高く売る」ですから、投資信託を買うのであれば、こういう時期であると思います。なぜ個人投資家はこういう時期に投信におカネを入れないのでしょうか。

P│ 株価の底ですよね。今までの株価のピークの話の逆になります。株価が直近下げているから上がるとは思えない。景気が悪いからおカネもない。周りの人も誰も株式投資を勧めない。だから証券会社も積極的に営業をしてこない。

28　投資家は直近の株価動向を外挿（Extrapolate）して将来の株価を予想する傾向がみられる。それはプロの投資家も例外ではない。Greenwood and Shleifer（2014）、岩澤（2018）を参照。

岩澤 | 残念なことですよね。根本には個人投資家が直近のトレンドで判断して「上がるとは思えない」と考えてしまうということがある。システム1思考ですね。アクティブ・ファンドの問題も考えておきましょう。アクティブ投信とパッシブ投信とを比べると、アクティブのほうが成績は悪いし、手数料も高い。なのにどうして個人投資家はアクティブ投信を買ってしまうのでしょうか? この問題についてはケースに十分な情報がありませんので、想像してみてください。

Q | 私もアクティブを買ってしまうのですが(笑)。パッシブっておもしろくないんですよね。株価指数と同じパフォーマンスなんて地味でおもしろくないんです。それよりすごい上がりそうっていうワクワク感が重要で、そうするとやっぱりアクティブで、特に「AI投信」とかテーマ性があるやつを買ってしまうのです。

岩澤 | おもしろくない。ワクワク感。まさしくシステム1思考ですね。

R | 私もアクティブ派なんですけど(笑)、手数料を見ていないんです。気にしないっていうか。それより儲かる期待で買ってしまいます。

岩澤 | 手数料を見ない。システム2がストップしているわけですね。

投資信託販売業者のビジネス倫理

岩澤 | こうしてみると、個人投資家が投資信託への投資で儲けていないというのはそのとおりなんだけれども、それは販売業者の責任ということで片づけられる問題でもなくて、儲からない商品を欲しがる個人投資家の側にも問題がありそうです。

そこでこういう問題を考えてみたいと思います。証券会社や銀行は個人投資家が欲しがっている商品を販売しているわけですが、これは問題のある行為なのでしょうか? どちらかに手を挙げてください。

問題があるという人は?

(約70％が挙手)

問題ないという人は?

（約30%が挙手）

　わかりました。まず問題ないという方に意見を言っていただきましょう。

S｜証券会社も銀行も、利益を上げるためにやっているわけですから。利益になることをやるのは当然で、株主に対する責任でもあります。

岩澤｜ビジネスをやる以上、利益を上げるようにやるのは当たり前なんだという議論ですね。他にはいかがですか?

T｜顧客は自分で意思決定して買っているんです。別に証券会社が顧客をだましているわけではない。顧客が買いたいと言っている商品を売る銀行・証券会社に問題はないでしょう。

岩澤｜Tさんにお聞きします。顧客は結果的に損をするケースが多いようなんですが、それでも銀行・証券会社に問題はないでしょうか?

T｜それは顧客の自己責任であると思います。

岩澤｜わかりました。投資家が儲けたとか損したとかは、あくまで投資家の自己責任であると。あと他にはいかがですか。

U｜今のTさんの意見に追加ですが、確かに顧客は結果的に損をしてしまったかもしれませんが、投資信託を買うときには株価が上がってすごく儲かる夢を見ているわけです。買ったときには、それなりに興奮して、喜んで買っているんだと思うんですね。業者は顧客に束の間の喜びを与えたわけで、当然その代金は払ってもらいますよということでしょう。

岩澤｜なるほど。手数料は投資家が見た夢の代価だという議論ですね。あとはいかがですか?

V｜私はかつて証券会社で投資信託のセールスをやっていました。確かに振り返ってみると、顧客に損をさせてしまうことがあって、申し訳なかったと思います。しかし損をさせようと思ってやっているわけではないんです。自分だってまだ若かったということもありますが、セールスをするときには、その投信がいい商品であると自分で納得して売っているのです。しかもこれは言い訳っぽいですが、我々だって営業成績で評価されるわけで、これをなるべく多く売ってこいと言われれば売るしかないんです。セールス（パーソン）に対して投信を売るのが「問題行為」だというのは、ちょっと気の毒な気がします。

岩澤｜ありがとう。生々しい証言でしたね。確認しておきますが、我々は投資信託のセールスの方々を批判しているわけではありません。そうではなくて、構造的な問題として、こういうビジネスのあり方が是認されるものなのかどうかという議論をしているのです。そのことを確認したうえで、今度は金融機関の投信の営業姿勢には「問題がある」という意見をお聞きしましょう。

W｜一番問題だと思うのは、投資信託の顧客の多くが、株のことをあまりよく知らない素人だということです。アクティブとパッシブとでは、アクティブのほうが平均成績が悪くて、しかも手数料は高いなんて知らないと思うんですよね。アクティブ投信を顧客に売るとき、この点を十分に説明はしていないのではないでしょうか。たとえ騙してはいないとしても、十分に説明していないのは大きな問題だと思います。

岩澤｜説明が足りないのではないか。特に顧客が株の素人なんだから猶更十分な説明が必要では、という話ですね。他にはいかがですか？

X｜今の意見に近いですが、株価のピークの時期に、そりゃ素人はまだまだ上がると思うでしょう。しかし証券会社のプロの判断は、素人と完全に同じなのでしょうか？　もしそうだとしたらプロ失格ですよね。もしそろそろピークかもしれないという判断があるのならば、それを顧客に十分理解させる必要があるでしょう。それをしないのはやはり顧客に対してウソをついていることになってしまうと思います。

岩澤｜なかなか厳しい意見ですね。株価のピークでまだまだ上がると信じて売っているとしたら、そんな業者は株のプロとは言えないのではないかというご意見でした。あとはどうでしょう。

Y｜先ほどSさんが、証券会社も銀行も、株主のために利益を出しているのだから、こうした営業もしょうがないんだとおっしゃったのですが、それは目先の問題としてはそうなのかもしれませんが、その結果顧客が揃って損をしてしまえば、結果として次に投信におカネを入れてくれなくなるわけで、中長期的にはその企業にとっても、業界にとっても不適切な経営であったということになるのではないでしょうか。

岩澤｜ビジネスのサステイナビリティ（持続可能性）の問題ですね。顧客に損をさせるビジネスなんてサステイナブルじゃないでしょうと。

金融庁の「次の一手」は?

岩澤 | 最後に、金融庁のあり得る対応について議論してみましょう。金融庁は、金融機関に対し「顧客本位の業務運営」をせよということで、その「原則」を金融機関に通知しています。そして森長官は日本証券アナリスト協会の講演で、業界のトップたちの前で、あなた方は何をやっているのだと叱責しています。しかし同時に、森長官はこれだけでは十分ではないだろうとも思っているのですね。どうでしょうか。森長官は、あと何をどうすればよいでしょうか?

Z | 「顧客本位の業務運営に関する原則」はよくできていると思います。金融機関は顧客の最善の利益になるように努めるべきである。手数料はわかりやすく示すべきである。顧客の知識を踏まえて、それにふさわしい金融商品を提供すべきであると。金融機関がこの通りに業務を運営すれば、今までとは相当違ってくるでしょうから、金融庁はこの原則が徹底されているかどうか、個別金融機関ごとにモニターしてチェックして、ダメなところには警告を出すとかすればよいと思います。

岩澤 | 「原則」を徹底させるということですね。どうでしょう。金融機関は「原則」に従って動きますかね?

a | 私はなかなか難しいのではないかと思います。金融庁が何と言おうが、金融機関は利益を出さなければいけない。そしてそのためには、アクティブ・ファンドも売らなければいけない。手数料は示すし、顧客の知識も考慮するけれど、顧客がOKと言えばアクティブを売りますよとなってしまうのではないでしょうか。

岩澤 | 「原則」を建前論として受け入れるけれど、なかなか金融機関の本音は変わらないのではないかというご意見ですね。あとどうでしょう? aさんみたいな見方も踏まえ、森長官にできることがあるでしょうか?

b | 個人投資家に対して啓蒙を行うべきであると思います。投資信託の仕組みに始まって、アクティブとパッシブとか、こんなタイミングで買うと損をするとか、行動経済学とか（笑）。顧客が賢くならなければ、顧客に

利益が出るようにはならないと思います。

岩澤｜金融庁は私を起用するべきだと（笑）。いい話ですね。

c｜個人投資家に対し、個別の金融機関の営業姿勢に関する情報を出すと良いと思います。この金融機関は顧客の利益のことを考えて営業している、この金融機関はそうではないとか。そうすれば顧客が自ら、そういう金融機関とは付き合いたくないなどとなってくると思います。

岩澤｜ありがとう。実は金融庁はそういう情報公開を始めたのです。

　ちょっとお見せしましょう（図表12）。これは金融庁が公表したデータです。投資信託を買うと、顧客が利益を出したり、損を出したりしますが、ひとつの金融機関の顧客のうち、どれくらいの顧客が利益を出しているか、あるいは損を出しているか。その比率を個別金融機関ごとに見たものです。

　96の業者に関する調査ですが、平均してみると、顧客の46％が投資信託に投資して、含み損を抱えている。資産を増やす目的で投資信託を買ったわけですが、46％の人は損をしてしまっていることになります。そして金融庁はこの比率を個別金融機関ごとに公表したのです。

　ここでは実際の資料の中からの抜粋で、利益を出している顧客の比率が最も高い10社と、逆に損失を出している顧客の比率が最も高い10社を示してあります。ベスト3を見ると、利益を出している顧客の比率が80％以上です。一方、ワースト3を見ると、損失を出している顧客の比率が70％以上なのですね。こういう金融機関は、営業姿勢に関して少し反省をしたほうがよいように思われます。そしてこのデータを顧客が見れば、こういう金融機関と付き合いたくはないと思うことでしょう。

図表12 │ 個社ごとの運用損益別顧客比率[29]

（運用損益率＞0%の顧客比率が高い順）

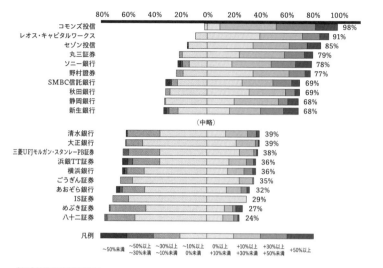

（注1）基準日は18年3月末
（注2）18年12月末までに、金融庁に報告があった金融事業者（96先）の公表データを集計
（注3）各社の右端のパーセンテージは、運用損益率0%以上の顧客割合（小数点以下四捨五入）

第3章 理論＋ケースメソッド実況中継──行動経済学

083

29 金融庁（2018）

Key Takeaways（まとめ）

議論のまとめをしましょう。人間は必ずしも合理的な意思決定を行うとは限りません。非合理的な意思決定を行う場合もあります。そしてあなたの顧客もそうかもしれない。そのときにビジネスが取ることのできる、二つの道を考えてみましょう。

ひとつは、顧客の非合理性を利用して、ちょっと悪い言い方をすると、顧客の非合理性に迎合してビジネスを行うことです。人のシステム1に由来する意思決定のバイアスがあり、それが顧客の利益を損なう行動につながっているとしても、それを自分たちの利益になるように活用してビジネスをやるっていうことですね。これを仮に「**迎合型ビジネス（pandering business**[30]**）**」と呼ぶことにしましょう。

もうひとつは、そうしたバイアスを前提に、顧客が非合理的な意思決定を回避して、より合理的な、顧客の利益になるような意思決定をするよう助言を与えるビジネスを行うことです。これを「**処方箋型ビジネス（prescriptive business**[31]**）**」と呼びましょう。

投資信託の例で言うと、株価が上がれば上がるほど、ナイーブな投資家はもっと上がると思って株や投信を買いたくなってしまう。そこで「どうぞどうぞ」ってやるのが迎合型ビジネスです。これに対し、顧客により客観的な情報を与えて、システム2を使って意思決定を行うように促すこともできます。直近の株価上昇しか目に入っていない顧客に、より長期の株価の動向を示したり、歴史的に似たような状況でどんなことが起きたのかを統計を示しながら解説したりすることができるでしょう。そうしたことを通じて顧客の真の利益を守ろうとする、その積み重ねで顧客からの信頼を得ていくのが処方箋型ビジネスです。

30　Gennaioli, et al.（2015）
31　Bell, et al.（1988）

どちらかが絶対に正しいビジネスのやり方であるということを言っているわけではありません。迎合型ビジネスの中にも、社会から受け入れられているものもあります。

　たとえば宝くじの産業は、人の意思決定における、ある種の非合理性（これは第3講で議論します）を前提に、そのバイアスを活用することで成り立っている、迎合型ビジネスのひとつです。しかしだからといって、宝くじ産業を撲滅すべきだと思う人は、おそらくそうたくさんはいないでしょう。ビジネスの中には、迎合型ビジネスとしてあることが社会的に要請され、認められている、そういうものもあると思います。

　しかしそう申し上げたうえで、どんなビジネスをやるにせよ、システム1のバイアスを持つ顧客を相手にし、そのシステム1を巻き込む形でビジネスを行っている場合には、自分たちがやっているビジネスの性質について自覚を持たなければいけないと思います。それは自分たちが本来やりたいことなのか、やるべきことなのか、社会から求められていることなのか、そこは考えたほうがよいでしょう。

　本来そうあるべきでないにもかかわらず、迎合型でビジネスをやっているとすると、そこは気をつけたほうがよいでしょう。というのは、人々の非合理性につけこんで利益を出しているように見えるビジネスに対しては、倫理的、社会的な観点から疑問を持つ人が少なくないからです。そして多くの人がそれを問題視するようになると、メディアが問題視したり、最後は政策当局が規制に動いたりすることになります。そうなると、それまでのビジネスが成り立たなくなったりすることになりかねません。

　ビジネスが顧客のシステム1とどう付き合っていくべきかというのは、簡単な問題ではありません。このあとの講義でも、違う角度から議論を積み重ねていきましょう。

第1講では、ヒューリスティクスによる判断が非合理なものになることがある、ということについて見てきました。特に、事象の見た目の印象や、その事象についての「あるべき姿」だと思っていること、そうしたパッと思い浮かぶことに確率の判断が引きずられてしまう事例を検討してきました。

第2講もヒューリスティクスによる判断の非合理性に関する議論を続けます。早速いくつかのクイズから始めましょう。

第2講 | アンカリング／顧客のシステム1を知る

【問題1】

次の文字群をしばらくご覧ください（1分程度）。

図表13 | **謎の文字群**

かいが	ひかり	からおけ	とけい	かんづめ	いしかわ
けんきゅう	いかだ	くろまめ	たいかい	さかぐら	
おかし	からす	こくみん	めだか	ぎんこう	あかがい
かえだま	とかい	けいたいでんわ	どんかん	さえずり	
たかい	かようきょく	じかん	ひだか	ちきゅうぎ	
かんとう	いちごみるく	あかんぼう	たいかく	ふうとう	
かながわ	ほけん	ぶんかさい	はりがね	かみなり	
みかい	こおろぎ	きたかぜ	かたな	けしごむ	
てかげん	たべかた	しょうめい	せいかく	きりん	

見るのをやめてください（教室ではスライドを次に進める）。

今目を通した言葉のうち、「か」で始まる言葉と、「か」が三番目にくる言葉とでは、どちらのほうがたくさんあったでしょうか？（教室がざわつく）

もう一度お見せします（30秒程度）。

はい終了です（笑）。どちらが多いと思うか、回答してください。

【問題2】

人間の死因のうち、「雷」によるものと、「ボツリヌス中毒」によるものとでは、どちらが多いと思いますか[32]？

【問題3a】

教室の左側に座っている方だけお答えください。昼食をとるためにレスト

ランに行ったら、ランチ・メニューが下の二通りでした。

図表14 | **ランチ・メニュー**[33]

Aコース
1,800円

Bコース
1,400円

どちらを選びますか？

【問題3b】

　今度は教室の右側に座っている方だけお答えください。昼食をとるためにレストランに行ったら、ランチ・メニューが下の三通りでした。

図表15 | **ランチ・メニュー**[34]

松コース
2,500円

竹コース
1,800円

梅コース
1,400円

どれを選びますか？

33,34 リスパック株式会社ホームページ（https://www.risupack.co.jp/risupack_contents/article/story/471）より転載。価格は著者による設定。

岩澤｜ では問題をレビューしていきましょう。まず【問題1】ですが、手を挙げてもらいましょう。

「か」で始まる言葉のほうが多いと思う人?

（大多数が挙手）

「か」が3番目の言葉のほうが多いと思う人?

（少数が挙手）

ありがとうございます。では正解をお見せします。

図表16 ｜ **謎の文字群**

かいが	ひかり	からおけ	とけい	かんづめ	**いしかわ**
けんきゅう	いかだ	くろまめ	**たいかい**	さかぐら	
おかし	**からす**	こくみん	**めだか**	ぎんこう	あかがい
かえだま	とかい	けいたいでんわ	**どんかん**	さえずり	
たかい	**かようきょく**	じかん	**ひだか**	ちきゅうぎ	
かんとう	いちごみるく	あかんぼう	**たいかく**	ふうとう	
かながわ	ほけん	**ぶんかさい**	はりがね	**かみなり**	
みかい	こおろぎ	**きたかぜ**	かたな	けしごむ	
てかげん	**たべかた**	しょうめい	**せいかく**	きりん	

岩澤｜「か」で始まる言葉が10個、「か」が3番目の言葉も10個ということで、両者同数だったわけです（笑）。にもかかわらず、「か」で始まる言葉のほうが多い、と答えた人のほうが圧倒的に多かった。これは一体どうしてだと思いますか?

A｜ 最初のほうに「か」が最初に来る言葉がいっぱいあったからだと思います。

岩澤｜ そうですね。意図的にそうしました。あとはいかがですか?

B｜「か」が最初に来る言葉は覚えやすいし、思い出しやすいです。「か」が3番目に来る言葉は思い出しにくいですね。

岩澤｜ そうですよね。しりとりで「か」で始まる言葉を思い出すのは簡単で

すが、しりとりのルールを変えて、3番目に「○」が来る言葉でしりとりをすることにして、3番目に「か」が来る言葉を思い出さなければいけないとすると、相当苦痛でしょう。しりとり、楽しくないですよね（笑）。

利用可能性バイアス

岩澤 ｜ 【問題1】は、「か」で始まる言葉と「か」が3番目に来る言葉の出現頻度についてでした。これはやはり難しい問題ですから、多くの方は「思い出しやすさ」という、易しい問題に置き換えて対応したわけです。第1講でやった「属性の置き換え」がここでも生じていることがわかります。

そしてこのケースでは、「思い出しやすさ」という記憶に絡む問題が皆さんの判断のバイアスの源になっています。何かの判断を行うとき、人間は「すぐに思い浮かぶ記憶（これもシステム1です）」で対応しようとして判断を誤ることがあります。カーネマンはこれを「**利用可能性バイアス**（**availability bias**）」と名づけました[35]。すぐに利用可能な（available）記憶で対応しようとすることによるバイアス、という意味ですね。

記憶というのは、なかなかにいい加減なもので、いろいろな要素によって記憶が左右されます。上の例でも、言葉の配列ひとつで記憶は影響を受けるわけです。そして記憶を左右する要素として大事なのは感情です。記憶と感情は密接に結びついていて、感情に刻まれた出来事は我々の記憶に残ります。メディアの報道も、それが感情を揺さぶるようなものであると、記憶に残りやすくなるのです。

そしてこの感情にドライブされた記憶が、経済的な行動にも影響を及ぼしたりします。

次の図（図表17）は、東京海上日動火災の火災保険収入（前年同月比）です。これをみると、2007年から2010年まで、ほぼマイナス圏での

---

35 Tversky and Kahneman（1973）

推移ですよね（時々キャンペーンがあるのか、大きなプラスの月がありますが）。ところが、2011年の4月くらいから、約1年にわたって前年同月比がプラスで推移しています。何があったのでしょうか？

図表17｜**東京海上日動火災の火災保険収入**（前年同月比）[36]

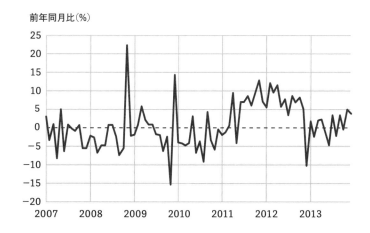

C｜東日本大震災です。

岩澤｜そうですね。震災が火災保険とどう関係すると思いますか？

C｜売れているのは地震保険だと思うんですが、地震保険は火災保険の一部になっていて、火災保険を買わないと地震保険が買えないのです。それで火災保険が売れています。

岩澤｜ありがとう。しかしこの話、よく考えてみると、おかしなことだと思いませんか？ 地震が起きてから地震保険を買っているわけですね。しかも売れるのは地震の直後1年だけ。利用可能性バイアスですよね。

【問題2】にいきましょう。人間の死因のうち、「雷」によるものと「ボツリヌス中毒」によるものとでは、どちらが多いと思いますか？ という問題でした。これも手を挙げてもらいましょう。

36　東京海上日動火災ホームページ（https://www.tokiomarinehd.com/ir/financial/monthly.html）資料より著者作成。

「雷」による死のほうが多いと思う人は?

（約半数が挙手）

「ボツリヌス中毒」による死のほうが多いと思う人は?

（約半数が挙手）

　およそ半々ですね。実は正解は「雷」です。雷による死は、ボツリヌスによる死の、なんと52倍も多いそうです。にもかかわらず、半数の方がボツリヌスのほうが多いと感じています。なぜでしょうか?

D｜雷はしょっちゅう経験しますが、雷で死ぬって話はあまり聞きませんよね。ボツリヌスは死ぬイメージが強いです。瓶詰めにいたら死ぬと思います（笑）。

岩澤｜なるほど。雷と死は結びつかないけど、ボツリヌスは死と結びつくわけですね。あとはどうでしょうか?

E｜メディア報道の問題だと思います。雷による死はおそらくあまりにも多いので報道されないのでしょう。ボツリヌスによる死は少ないけど、だから報道される。その差がイメージをつくるんだと思います。

岩澤｜そうでしょうね。判断がイメージに左右されてしまう。こういうのを「利用可能性バイアス」と呼ぶわけです。

アンカリング

　【問題3】にいきます。【問題3】は二つに分かれていました。

　最初は教室の左側にいる人に聞きましたね。昼食のメニューに「Aコース1,800円、Bコース1,400円」と二つあったら、どちらを選ぶか、という質問でした。

　Aを選んだ人は?

（ごく少数が挙手）

　Bを選んだ人は?

（大多数が挙手）

わかりました。ほとんどの人がBですね。

次に教室の右側にいる人に聞きました。昼食のメニューが「松コース2,500円、竹コース1,800円、梅コース1,400円」となっていたら、どれを選ぶか、という質問です。

松を選んだ人?

（1人だけ挙手）

竹は?

（約半数が挙手）

梅は?

（約半数が挙手）

今「竹（1,800円）」を選んだ人の中で、「A（1,800円）かB（1,400円）か」だったら、「B」を選ぶ、という人はいませんか? いらっしゃいますね。どうして二つのうちの選択だとBになるのに、三つの選択だと竹になるのか、聞かせてください。

F｜「AかBか」だと安いほうを選びます…というか、普通1,800円は払わないですよね。だけど選択肢が三つになると、こう、高いやつ（2,500円）に釣られるっていうんですかね。なんかそれなりに高いものと安いものがちょっとずつ入っているのが魅力的に感じました。

岩澤｜ありがとう。「高いやつに釣られる」っておっしゃいましたね。「松2,500円」に釣られて、判断が変わってしまったわけです[37]。こういうのを「アンカリング」といいます[38]。アンカー（anchor）というのは船の錨のことです。**アンカリングとは「印象に残った数字や言葉が、後の判断に影響を及ぼすこと」です。**数字や言葉が錨として働く、という意味ですね。Fさんの場合「松2,500円」がアンカーとして働いたわけです。

ビジネスにおいて、アンカリング効果の活用とみることのできる事例は数多くあります。ここではひとつだけ例をあげておきましょう。

37　2つの選択肢（例：竹1,800円、梅1,400円）に、第3の選択肢（例：松2,500円）を加えることにより、消費者の判断は中間の選択肢（竹）に誘導される効果がある。この効果は「松竹梅効果」ないしは「おとり効果（Decoy effect）」と呼ばれる。Huber et al.（1982）及びTversky and Simonson（1993）を参照。

38　Tversky and Kahneman（1974）

2014年4月に消費税率が5％から8％に上昇しました。消費税率の引き上げが久しぶりであったことから、多くの小売業者が、税率の引き上げに伴う値上げを消費者が嫌がるのではないかという懸念が強かったのだと思います。その結果、多くの小売業者が、次のように価格の表示の仕方を変更しました（図表18）。

図表18 | **2014年消費税率変更前後でのあるスーパーの価格表示方式の変更**[39]

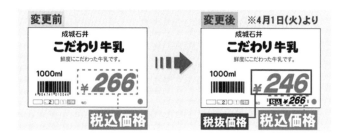

　消費税率上昇の前は「税込価格」を表示していたのを、変更後は「税抜価格」つまり税金前の価格を大きく表示し、税込価格は黒字で目立たないように小さい字で加える形としたわけです。

　ビジネス側の意図は明らかですよね。顧客に税抜価格の「246円」をアンカーしようとしているわけです。しかし顧客はどうでしょうか？これでビジネスサイドの意図どおりに動くのでしょうか？

G | 私は食品会社で勤務していますので、この経緯をよく知っています。覚えているのは、私が担当していた商品は、この対策を講じたことで、消費税増税の前後で売り上げが落ちるどころか、伸びたということでした。そのことが話題になって、どうも消費者は値下げになったと勘違いしているのではないか、とみんなで議論したのを覚えています。

岩澤 | ありがとう。貴重な証言ですが、どうも消費者、あまり賢くなさそうですよね（笑）。この点を踏まえて、ケースの議論をしましょう。

39　成城石井ホームページ（http://www.seijoishii.co.jp/whatsnew/notice/desc/15）。

eBayの実験[40]

　2001年11月のある日、米国のインターネットオークション会社eBayである実験が行われようとしていた。

　eBayは1995年に設立されたオークション・サイトの運営会社である。1998年には100万人以上の利用者を獲得し、9月には、設立わずか4年でNASDAQでの株式公開にこぎつけた、日の出の勢いの会社であった。

　しかしこの実験が行われようとしていた2001年、eBayのメグ・ホイットマンCEOは、あることについて方針を決めかねていた。それは、オークションの落札者に対し競り落とされた商品を輸送する輸送費、そして落札者がeBayに支払うオークションの手数料をどのように取り扱うのかという問題であった。

　eBayのオークションは、出展された商品を競り落としたい人が、安い価格から入札をし、期限内に最も高い価格で入札した人が落札する仕組みになっていた[41]。この方式では、商品を競り落としたい人は、自分がその商品に払いたいと考える最高の価格を正直に申告することが、商品を競り落とすための最適な戦略であることが知られている。

　問題は商品の輸送費をどのように取り扱うかということであった。

　ひとつのやり方は、輸送費を別建てとすることである。つまり、オークションを行うときには、非常に安い価格、例えば$0.01から始め、価格＝$Xで落札したとすると、オークションの勝者（落札者）に$X＋輸送費（プラス手数料）を支払ってもらうことにする、というやり方である。出品者の収入は

40　本ケースはHossain and Morgan（2006）を基に、クラス内での討論を行うことを目的として著者が作成したものである。記載された内容、名称、数値等は入手された資料に基づいているが、必要に応じて改変もしくは偽装されており、ケース内に登場する該企業／組織の経営の巧拙を問うものではない。

41　「イングリッシュ・オークション方式」と呼ばれている。

$X（マイナス手数料）で、輸送費は輸送会社に支払われ、手数料はeBay
の収入となる。しかしこのやり方には批判もあった。オークションの勝者が、
商品の価格を$Xだと思っているのに、最終的にはそれに輸送費と手数料
を上乗せした金額を支払わされることになるという問題であった。

　そこでもうひとつのやり方として検討されていたのが、輸送料を最初から
入札価格に織り込む方式であった。この方式では、たとえばオークション
の対象商品の輸送料＝$Yであるとすると、オークションを$Yから始める。
そして、最終的な落札価格が$Zであるとすると、そのうち$Yは輸送料に
割り当てられ、そして残りの$（Z-Y（マイナス手数料））が、出品者の収入
ということになる。この方式なら、輸送費を「後出し」したときのような不
満を入札者が感じることはなさそうであった。

　しかしeBayのCEO、メグ・ホイットマンは迷っていた。確かに後者の方
式をとれば、入札者の不満はなくなるかもしれない。しかし前者には、わ
かりやすいというメリットもある。入札の参加者が増え、その分、最終的
な入札価格がより高くなるという可能性もあるのではないだろうか。eBayに
とってみると、出品者の手に渡る、実質的な落札商品価格（$X、または$
（Z-Y））が高ければ高いほど、eBayのオークション・サイトとしての価値が
上がるし、eBayに入る手数料（落札商品価格の一定比率と決まっていた）も増え
るので、より望ましいと見られるのだった。

　そこでホイットマンCEOは、大学で行動経済学を研究する二人の研究
者の手助けを得ながら、実験をしてみることにした。実験対象の商品は音
楽のCD、10種類で、二つの方式で別々にオークションが行われた。

　「方式A」は、入札価格に輸送費を含める方式であった。輸送費＝$4
だったので、入札を$4から始めた。入札者には、たとえば、次のように告
知がなされた。

> CD「ティム・マグロウ グレイテストヒッツ」── 新品同様。オリジナル包装。
>
> 収録曲名：“Indian Outlaw,” “I Like It, I Love It” など。
>
> 支払いはPaypalまたはBillpointで。
>
> 輸送費は無料。ファースト・クラス・メールで輸送。
>
> Happy Bidding（入札者に幸あれ）!

「方式B」は、入札価格に輸送料を含めない方式で行われた。入札最低価格は$0.01で、オークションの勝者には、入札価格に加え、輸送料として$3.99を払ってもらった。告知は次のように行われた。

> CD「ティム・マグロウ グレイテストヒッツ」── 新品同様。オリジナル包装。
>
> 収録曲名：“Indian Outlaw,” “I Like It, I Love It” など。
>
> 支払いはPaypalまたはBillpointで。
>
> 輸送費は$3.99。ファースト・クラス・メールで輸送。
>
> Happy Bidding!

さて、どちらの方式に、より多くの入札がなされただろうか。そして、最終的な落札価格には違いが見られたであろうか。

第2講│アサイメント（課題）

☑ ホイットマンCEOは
 どのようなことに頭を悩ませているのか

☑ ホイットマンCEOは、
 「方式A」と「方式B」を選択するうえで、
 何を基準に判断すればよいのか

☑ 「方式A」と「方式B」どちらのほうが
 より多くの入札者が参加しただろうか。
 また、輸送費と手数料を除く、
 出品者の手に渡る実質商品落札価格は
 どちらのほうが大きかっただろうか。
 なぜそうなると思うか

ホイットマンCEOの悩み

岩澤 ｜ ケースを議論しましょう。2001年11月のある日、米国のインターネットオークション会社eBayで、ある実験が行われようとしていました。なぜ実験をすることになったかというと、あることについて、CEOのメグ・ホイットマンさんが方針を決めかねて、悩んでいたんですね。ホイットマンCEOは何に悩んでいたのか、どなたか説明をお願いします。

A ｜ オークションの際の価格表示に、輸送料を含めるかどうかで悩んでいます。

岩澤 ｜ そうですね。方式Aと方式Bがあったはずですよね。説明していただけますか？

A ｜ 方式Aは、入札価格に輸送料を含める方式です。輸送費が4ドルなので、入札は4ドルからスタートします。

岩澤 ｜ 入札価格は輸送費込みで表示される。それで、オークションだから価格が競り上がっていきますよね。最後、例えば14ドルまで価格が上がって、14ドルで入札した人が落札したとしますよね。そうするとそのあとどうなりますか？

A ｜ 落札した人はeBayに14ドルを払います。eBayは本体価格10ドルの一部を手数料として抜いて、その残りと、輸送費分4ドルを出品者に支払います。

岩澤 ｜ OK。方式Bの説明もお願いします。

A ｜ 方式Bは、入札価格に輸送料が含まれません。入札は0.01ドルからスタートします。

岩澤 ｜ 入札価格はゼロからスタートして、オークションに参加する人には、輸送料を含まない「モノの価格」が見えているわけですね。それで最後、例えば10ドルで落札したとすると、そのあとどうなりますか？

A ｜ 落札した人は、10ドルに輸送費4ドルを加えた14ドルをeBayに支払います。そのあとは「方式A」と同じで、eBayは本体価格10ドルの一

部を手数料として抜いて、その残りと、輸送費分4ドルを出品者に支払います。

岩澤 | ありがとう。「方式A」と「方式B」は、オークションをしているときの価格の見せ方が違うだけですね。さてそれで、ホイットマンCEOは方式Aか、方式Bか、どちらにしようか決めかねて、実験をしようとしています。彼女の判断基準は何でしょうか? 何がどうなったら、方式A、あるいは方式Bを選ぶのでしょうか?

B | どちらのほうが多く入札者に参加してもらえるか、だと思います。

岩澤 | 入札者が多く参加したら、ホイットマンCEO、あるいはeBayにとってどのような意味があるのでしょうか?

B | 入札に参加する人が多いほど価格が上がります。eBayは落札価格の一定比率を手数料として受け取りますから、eBayの収入が大きくなります。

岩澤 | ですね。eBayにとっては、落札価格の最大化が目標なわけです。落札価格が高くなることは、手数料の最大化という直接的な意味以外にも意義があると思います。いかがですか?

C | 出品者の収入が大きくなりますよね。オークション会社は、出品者がたくさんいなければ成り立ちませんので、出品者が満足することが大事で、あの会社は高く売れるってことになると、良い商品が集まってくるようになります。

岩澤 | おっしゃるとおりですね。落札価格が高くなることがeBayにとってはいろんな意味で大事なわけです。この点を確認したうえで議論を進めましょう。

方式A（輸送料込みの入札価格）

岩澤 | ホイットマンCEOも悩むくらいですから、方式Aと方式Bとで、どちらがより多くの入札者を集めることができるのか、は意見の分かれる問題だと思います。皆さんがどう思われるか、これから聞いてみたいと思いますが、そ

の前に、皆さんの意見をはっきりさせておきましょう。挙手してください。

　入札者は「方式A」のほうが多くなるだろう、という方は?

（約6割が挙手）

　入札者は「方式B」のほうが多くなるだろう、という方は?

（約4割が挙手）

　6：4くらいで方式Aが優勢なようです。

いつもだと少数意見から聞いていくところですが、今日は多数意見の「方式A」を支持する意見から聞いていくことにしましょう。

D｜方式Aが良い、というより、方式Bがイヤです。方式Bだと、競りをしていって最後に落札価格が10ドルに決まる。ああこれ10ドルで買えるぞ、と思ったら、追加で輸送料を4ドル払わなければいけないと言われて「なんだ14ドルじゃん」となるわけですよね。それはイヤですね。そんな、あとから輸送料払わされるぞって考えたら、オークションで盛り上がれません。だから入札者は方式Aのほうが多くなると思います。

岩澤｜あとから輸送料を払わされることを想像すると気分が萎えちゃう。そういうことを想像させる方式Bは人気が出ないだろう、というわけですね。他にはいかがですか?

E｜方式Aは「輸送料は無料」って書いてありますよね。そこがいいと思います。ヒトは無料に弱いですから（笑）。

岩澤｜確かに「輸送費は無料」って書いてありますよね。本当は輸送費が無料なんじゃなくて、輸送費が最初から入札価格に含まれているだけなんだけど（笑）、まあ、あとから輸送費を別建てで払わされるわけではないので「無料」って書いてあるんですね。で、そこがいいと。わかりました。あとはどうでしょう?

F｜DさんやEさんの話と被るのかもしれないんですが、方式Aのほうが「お得」な感じがします。方式Bはあとから輸送費を払わされるって考えると損をする感じがしますが、方式Aは「輸送費込み」価格で入札をできるってことで、なんか輸送費の分を得しているような（笑）。

岩澤｜「輸送費込み」って書いてあると輸送費が節約できるような気になると。錯覚じゃないですか（笑）?

G｜錯覚ですよね（笑）。でも皆さんもそう感じるのではないかと。

岩澤｜わかりました。やっぱりあとから輸送費を払わされるのがイヤなんでしょうね。あとはいかがでしょうか。

H｜方式Aは、最後10ドルで落札しましたとなると、10ドルを支払います。自分の払う値段を自分でつけにいって、自分で決めた納得感があります。方式Bは10ドルで落札したあと、輸送料4ドルを払わなくてはいけなくて、14ドル払うんですよね。納得できない感が強いです。

岩澤｜なるほど、納得感ね。輸送料を払わされるっていう感覚になるのが方式B。方式Aは輸送料も含めて自分で決めた感じになれる、と。おもしろいですね。

方式B（輸送料抜きの入札価格）

岩澤｜今度は、入札者がより多く集まるのは「方式B」だろうという意見を聞いてみましょう。

I｜入札するときに方式Aだと、「CDの価格＋4ドル」だからいくらで入札すべき、とか考えなければいけないですよね。なんかめんどくさいです。CDが欲しくてオークションに参加するんですから、オークションのときにはCDのことだけ考えたいんで、輸送費のことなんか考えたくないです。

岩澤｜なるほど。オークションのときは輸送費のことを忘れたいわけだ。それで、落札した後は輸送費を請求されるんだけど、それでいいのかな？

I｜うーん、そこはよくないんですけど、いいです（笑）。入札のときは入札を楽しみたいんです。

岩澤｜わかりました。他にいかがですか？

J｜Iさんの意見とも関係するのですが、入札するときには、入札価格を見ながらオークションを楽しむわけですよね。そのときに入札価格がいくらになっているのかが目に入ります。方式Aは4ドルからスタートして、いつも輸送費が上乗せされた価格が表示されている。方式Bは0ドル

からスタートしますので、方式Aより安い価格が表示されやすいですよね。結果として、多くの人が入札に参加することになると思います。

岩澤｜画面に表示されている価格水準は、確かに方式Bのほうが安いでしょうね。そうすると、その目に見える価格に惹きつけられて参加者が寄ってくる、と。でもJさん、Iさんに聞いたのと同じ質問ですが、いかに見えている価格が安くても、最後は輸送費を払わされますから、そんなに安くはないですよね？

J｜オークションの参加者はオークションを楽しみたいんだと思います。それで、見た目の価格の安さはその楽しさの重要な部分です。一方で、彼らがオークションに参加するかしないかの判断において、輸送費の懸念はあまり重要な要素であるようには思えません。

岩澤｜なるほど。オークションに参加するかしないかの判断は、オークションの楽しさからくるんだ、と。

K｜Jさんの意見に加えたいことがあります。僕はよくオンラインショップの中古品販売が好きで、よくサイトを見に行くのですが、時々1円の商品とかがあるんですね。そこにはいろいろなカラクリがあって業者がちゃんと得をするようにできているんだと思うんですが、それでも「1円」ていうだけで見てしまうんです。見た目の価格が安いっていうのは、大きな力になると思います。

岩澤｜なるほど。まさしくそれを狙って「1円」という価格設定をしているのでしょうね。

L｜オークションにしばしば参加する者として、今の議論に付け加えたいのですが、オークションを運営するウェブサイトはいくつかありますよね。それで、どこのオークションに参加するかっていうときに、それはやはり価格です。そこに輸送費が含まれているかどうか、調整して、実質で見なければいけないんでしょうけれど、サイトを比較している段階ではそんな細かいことは見ません。価格が安ければGo、それだけです。だから表示される価格は安くなければダメで、方式Bなんです。

岩澤｜なるほど。やっぱり価格しか見ていないわけですね。あとはいかがですか？

M｜このオークションに参加してみることを想像します。そのときにこの

オークションは「ティム・マグロウ　グレイテストヒッツ」のCDをオークションするんですけれど、そこにはこのティム・マグロウさんのCDの値ごろ感みたいなのがあると思うんですよね。たとえば10ドルとか、ですね。そうだとすると、方式Bは素直に10ドルか、そのちょっと上かくらいで落札されると思うんですが、方式Aは10ドルまで伸びていった先に、なかなか伸びにくくなるんじゃないかと思います。そうするとeBayにとっては方式Bのほうがいいですよね。

岩澤｜今のMさんのご意見、とても面白いですね。もう一度確認しましょう。Mさんのご意見は「あるCDにはそのCDの値ごろ感がある」ということですね[42]。それがたとえば10ドルとします。そうすると方式Bはもちろん10ドルで落札ってことになるでしょう。一方、方式Aはどうかというと、10ドルを超えて、11ドルくらいで伸び悩むのではないか、と。なぜかというと、CDの値ごろ感が10ドルなんで、それ以上払いたくないという心理が邪魔をするのではないか、とそういうご意見ですね?

M｜そのとおりです。

岩澤｜たとえば方式Aは11ドルで落札したとします。しかしそこには輸送料4ドルが含まれていますので、出品者の収入になる、実質商品落札価格は7ドルですよね。eBayの収入はその一定比率、たとえば10%で0.7ドルになります。一方「方式B」は10ドルで落札したとします。この場合ここに輸送料は含まれていませんので、eBayの収入はその10%=1ドルですね。というわけで方式Bのほうがよいではないか、というご意見でした。

方式Bの問題点

岩澤｜ここで「方式A」を支持していた人たちに、今の議論を踏まえてどの

42　消費者は、多くの物やサービスの価格について、この程度が「公正」な水準であるという感覚を持っている。この点については、例えばKahneman et al. (1986)を参照。

ように思うか、少し聞いてみましょう。意見が変わった、あるいは、再反論、どちらでも結構です。いかがですか?

N｜私は意見が変わりました。オークションをやったことがなかったので、やっている人の気持ちがよくわかっていなかったと思います。途中で見せられる価格が安いことが重要って言われると、確かにそんな気がします。もっとも輸送費は関係ないって言われると、うーん、あなた大丈夫ですか? って言いたくなりますが (笑)。

岩澤｜どちらのほうがオークションの入札者が多いか、という議論をしているのだから、オークションに参加する人の気持ちがわからなければいけない、というご指摘ですね。あとはいかがですか?

O｜私は元々、どちらも同じではないかと思っていました。落札者が最後に支払う価格は本体価格+輸送費で、それはどちらの方式でも同じですよね。方式Aと方式Bとで差が出る理由がないと思っていたんです。しかし議論を聞いてわかりました。オークションに参加する人が何を求めているかというと、単純に見た目の安さを求めている、と。そこを理解したうえでひとつ疑問なんですが、もしそれをわかったうえでeBayが方式Bを採用するのは、顧客の非合理な選好を前提にそれに迎合する、第1講でやった「迎合型ビジネス」ではないかという気がします。方式Aは顧客が払わなければいけない金額を明示しているわけで、こちらのほうが明朗会計で、誠実なビジネスではないでしょうか。

岩澤｜確かに。さっきIさんやJさんが言ってくれた「とにかくオークションを楽しみたいんです。輸送費はどうでもいいです。」ってのは、IさんやJさんのシステム1ですよね。方式Bはそこを利用している。そういうところのない方式Aのほうがビジネスとして誠実なのではないか、と。あとはいかがですか?

P｜第1講の議論でもありましたが、方式Bでやってしまうと、一時的には顧客が集まるかもしれませんが、輸送費を払わされてがっかり、みたいな経験を顧客が何度かして、それが評判になると、結局そういうビジネスはダメになっていくのではないでしょうか。

岩澤｜サステイナビリティ (持続可能性) の問題ですね。方式Bはサステイナブルでないのではないか、というご指摘でした。

アンカリング効果の強さ

岩澤 ｜ 実験の結果をお見せしましょう（図表19）。「ティム・マグロウ グレイテストヒッツ」だけではなくて、10種類のCDで、それぞれ「方式A」「方式B」でオークションをして、その結果が書いてあります。最後の行に、10種類の実験の平均が書いてありますので、そこを見てください。

まず入札参加者数を見ると、「方式A」は3.9人に対し、「方式B」は4.5人。「方式B」の勝ちです。その左隣の入札数を見ると「方式A」は4.6回に対し、「方式B」は7.7回となっています。「方式B」のほうが、一人の参加者が何度も入札しているんですね。参加者がよりエキサイトしているのかもしれません。結果的に実質商品落札価格はどうなったかというと、「方式A」が7.54ドルに対し、「方式B」は10.14ドル。つまり「方式A」の名目落札価格は11.54ドルだったということになります。Mさんのご指摘通り、「方式A」の落札価格は伸び悩んでしまうんですね。

図表19 ｜ **eBayの実験：実験の結果**[43]

輸送価格＝$4	方式A			方式B		
CDのタイトル	実質商品落札価格	入札数	入札人数	実質商品落札価格	入札数	入札人数
Music	5.50	4	2	7.24	6	4
Oops! I Did it Again	6.50	3	3	7.74	10	4
Serendipity	8.50	5	4	10.49	8	4
O Brother Where Art Thou?	12.50	7	7	11.99	7	4
Greatest Hits - Tim McGrow	11.00	11	8	15.99	12	8
A Day Without Rain	13.50	7	6	14.99	9	6
Automatic for the People	0.00	0	0	9.99	5	3
Everyday	7.28	3	3	9.49	9	7
Joshua Tree	6.07	3	3	8.25	6	3
Unplugged in New York	4.50	3	3	5.24	5	2
平均	7.54	4.6	3.9	10.14	7.7	4.5

43 Hossain and Morgan（2006）

なぜ入札者は「方式B」により魅力を感じたのか? 皆さんが議論してくださったとおりだと思います。もう一度まとめると、やっぱり名目入札価格が安いほうが入札者にとって魅力的だということだと思います。目に見える価格によるアンカリング効果が働く、と解釈することができます。方式Aの場合目に見える価格に輸送費が入っていますし、方式Bは目に見える価格が安くても、あとで輸送費を追加で払わなければいけないのですが、オークションの興奮の中で、そうしたことが忘れられてしまうのかもしれません。

　そういうわけで、eBayはその後、輸送費を除く価格でオークションを行うことにしました。ただ、議論の中で、輸送費を後出しする方式Bは不誠実であるというご指摘がありましたよね。そういう批判を避けるためだと思いますが、eBayの実際のサイトを見ると、オークションの際の価格が表示されている画面には、画面の下に、輸送費がきっちり表示されています（図表20）。こうしておけば、輸送費を後出しした、と言われることは少なくなると思います。

図表20 | **eBayのオークション・サイト**[44]

44　eBayのウェブサイト（https|//www.ebay.com/itm/Apple-Nano-6th-generation-8gb/274385872264?hash=item3fe2ac2588|g|02YAAOSwSz1e1ukG）より転載（2020年6月）。赤枠は著者が加筆。

消費者は何に視線を向けているのか?

　ある物やサービスのトータルの価格を、 いくつかの部分に分けることができるとします。 そのときに、 それらを分割すると、 トータルの価格よりも安い価格を表示することができます。 これを 「**分割価格表示** （**partitioned pricing**） 」と呼びます[45]。

　分割価格表示のわかりやすい例は、 消費税の税抜価格表示です。 「こだわり牛乳246円 （税抜価格） 」は分割価格表示で、 これに対し 「こだわり牛乳　266円 （税込価格） 」は総額表示です。

　一般に人は、 見た目の価格の安さにアンカーされますので、 分割価格表示を行うと、 総額表示を行う場合よりも需要を刺激することができる、 と言われています。 米国では小売店で税前価格のみを表示するのが一般的ですが、 税前価格に加えて、 税込み価格を表示したらどうなるか、 という実験を行った経済学者がいます （図表21）。 結果はなんと、 税率相当分 （7%） 程度需要が下がったっていうんですね （笑）。 払う価格は前と同じなのです。 単に高い価格が書いてある、 それだけのことで需要は下がってしまうんですね。

45　「分割価格」についてはGreenleaf et al. （2016）によるサーベイを参照。

●米国では小売店が税前価格
のみを表示するのが普通

$7.99

●税前価格に加え、税込価格を
店頭で表示したらどうなるか?

$7.99
+Sales Tax
=$8.58

第**3**章 理論＋ケースメソッド実況中継——行動経済学

110

eBayの事例もそうですし、一般的には見た目の価格が安く見える、分割価格表示のほうが、総額表示よりも需要を刺激することができるといえそうです。

ただし、重要な例外があります。それはオンライン小売業者です。オンライン小売業者を対象にした実験では、「分割価格表示を行い、輸送料金を後で請求する方式」と、「総額表示（＝本体価格＋輸送料）して、輸送料＝ゼロと表示する」やり方とを比較すると、後者の需要のほうが強いという結果が得られるようです[47]。

なぜそうなのかと考えてみると、オンライン小売を利用するユーザーは、おそらく輸送料へのこだわりが強いのではないかということに思い当たります。「オンラインで買おうかな?」と考えたとき、「輸送費が高いからやめよう」と考える人が少なくないのかもしれません。輸送料に意識が集中している、視線が向いている消費者は、価格そのものではなく、輸送料にアンカーされるのだと思うんですね。それで「輸送料＝ゼロ」と書いてあることが、強いアピールになるわけです。

我々のeBayの議論でも、輸送料へのこだわりが強い人たちは方式Aを

---

46 Chetty et al. (2009)
47 Lewis et al. (2006)を参照。例えばSmith and Brynjolfsson (2001)は、オンラインショッピングにおいて消費者が「輸送費の変化に対して、本体価格の変化の2倍ほど敏感である」としている。また、オンラインショップで勤務する現役社員数人に筆者がヒヤリングしたところ、例外なく「消費者は送料に敏感であり、送料の取り扱いは極めて重要である」との見解であった。

支持していらっしゃいました。消費者が何に視線を向けているか次第で、消費者がアンカーされる対象は変わりますし、結果として求めるものも違ってしまうわけです。

Key Takeaways（まとめ）

　議論をまとめましょう。顧客がシステム1にドライブされた意思決定を行っているとき、ビジネスはどうすべきか、というのが大きなテーマなわけですが、システム1っていうのはよくわからないんですね（笑）。従って、顧客のことをよく知って対応しようと思ったら、実験をしてみるっていうのがひとつの方法になります。これがひとつ目です。

　もうひとつは、今回取り扱ったシステム1は、ヒトの意思決定が見た目に引きずられる、アンカリング効果でした。アンカリング効果を念頭に置くと、基本的には分割価格表示を行ったほうがよいように思えますが、そう考える前に、自分の顧客が何に視線を向けているかをよく注意してみたほうがよさそうです。何に視線を向けているかによって、何にアンカーされるのかが変わってくるからです。単純に価格を安く表示すればよいという問題ではないかもしれないわけです。

　このテーマは第4講で引き続き議論したいと思います。

第1講、第2講では、「ヒューリスティクス」のバイアスを議論しました。システム2で合理的に行われるべき判断と意思決定がシステム1に引きずられることでいかに間違ったものになるかを見てきたわけです。第3講では、「不確実性の下での選択」に焦点を当てます。選択の問題においても、システム1が働くことで、人々は同じような形で合理的とは言い難い選択をする傾向が見られます。そしてこのことは、ビジネスのあり方を考えるうえでも、様々なインプリケーションを孕んでいます。

まずは例によって、皆さんにクイズに答えていただくところから議論をスタートさせましょう。

第**3**講 | 損失回避／顧客のシステム1へのアプローチ

【問題1】

次の二つの 「宝くじ」 のうち、どちらかを選べと言われたら、どちらを選びますか?

a (80%, 100,000円; 20%, 10,000円)

b (100%, 80,000円)

←bを選んだら 「今すぐ80,000円をあげます」 という意味です。

【問題2】

①次の二つの 「宝くじ」 のうち、どちらかを選べと言われたら、どちらを選びますか?

a (100%, 100,000円)

b (50%, 200,000円; 50%, 0円)

②次の二つの 「宝くじ」 のうち、どちらかを選べと言われたら、どちらを選びますか?

a (100%, -100,000円)

←aを選んだら 「今すぐ100,000円を徴収します」 という意味です。

b (50%, -200,000円; 50%, 0円)

【問題3】

「次の二つの 「宝くじ」 のうち、どちらかを選べと言われたら、どちらを選びますか?」 と言われたとします。

a (50%, X円; 50%, -10,000円)

b (100%, 0円) ←bを選んだら 「何も起きない」 という意味です。

あなたはXがいくら以上であったら、選択肢aを選びますか?

第 **3** 章

理論＋ケースメソッド実況中継 ── 行動経済学

【問題4】

次のトヨタ自動車の株価チャート（図表22）を見て問いに答えてください。

図表22 | **トヨタ自動車の株価推移**[48]

（2010年4月〜2020年4月）

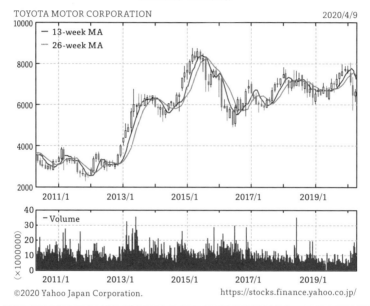

©2020 Yahoo Japan Corporation.　https://stocks.finance.yahoo.co.jp/

　あなたが2012年12月、トヨタ自動車の株式を4,000円×1,000株＝400万円で購入したとします。その後株価は2015年前半にかけ8,000円まで値上がりしました（つまりあなたの購入した株式の価値は800万円まで上がりました）が、その後は冴えない動きに転じ、2020年4月時点で6,600円です。

　2012年12月以降、あなたはトヨタの株式が何円になったときに売却していたと思いますか？それとも現在も保有したままだと思いますか？

48　Yahoo!ファイナンスウェブサイト（2020年4月9日）より転載。

【問題5】

トヨタ自動車の株価チャート（図表22）を見て、問いに答えてください。

あなたが2015年7月、トヨタ自動車の株式を8,000円×1,000株＝800万円で購入したとします。その後株価は冴えない動きとなり、2016年7月には一時5,000円を割り込みます。その後株価は戻し歩調になり、2020年2月には8,026円まで株価は戻りましたが、直後に新型コロナウイルスの危機が発生し、2020年4月時点では6,600円です。

2015年7月以降、あなたはトヨタの株式が何円になったときに売却していたと思いますか? それとも現在も保有したままだと思いますか?

期待効用理論

岩澤｜問題を議論していきましょう。【問題1】は、80％の確率で10万円獲得できる一方、20％の確率で1万円しか得られないという選択肢aと、今すぐ8万円を獲得できる選択肢bとで、どちらを選ぶか、という問題でした。皆さんの選択をお聞きします。

　aを選ばれた方？

（約20％が挙手）

　bを選ばれた方？

（約80％が挙手）

　およそ8割の方はbを選んだということで、多数派が選んだのはbであるということを確認しましょう。そこでbを選ばれた方にお聞きします。なぜaではなく、bを選びましたか？

A｜bは確実に8万円もらえます。aを選んだら、80％の確率で10万円もらえるとはいえ、20％の確率で1万円しかもらえないわけで、やはりそのリスクは避けたいと思いました。

岩澤｜ありがとう。こういうのが、多くの人の考え方だと思います。このAさんのような考え方、経済学では選択における好みの問題なので「選好（preference）」と呼びますが、Aさんの選好を「**リスク回避型**」と呼びます。リスクというのは「起こり得ることの幅の広さ」のことです。aとbとでは、aのほうが起こり得ることの幅が広いので「リスクが大きい」わけです。そしてAさんはリスクの小さいaを選んだ。ところでAさん、aの期待値を計算すると、0.8×10万円＋0.2×1万円＝82,000円ですから、bの期待値（8万円）よりも大きいですよね。それでもaのほうがいいですか？

A｜そうですね。このくじを何十回もひけるのであれば、aを選び続けた方がよいのかもしれませんが、一回きりなのであれば、確実なほうを選びます。

岩澤｜一回きりならば、多少期待値が小さくても、リスクの小さいほうを選

ぶってことですね。多くの人はAさんのように考えているはずです。そして、多くの人がAさんのように考えて宝くじの選択を行うという経験的な事実を最初に指摘したのは、18世紀、スイスの数学者であるダニエル・ベルヌーイでした。

　ベルヌーイ以前の数学者は人々が宝くじを選択するときには「期待値の大きいくじを選ぶ」と考えていました。これに対しベルヌーイは、人々は宝くじの選択を「期待値」ではなく、宝くじの利得から得られる心の満足感のようなもの――これは現在の経済学では「効用（utility）」と呼ばれます――によって行っているのだ、と指摘したのです。

　ベルヌーイの考え方は「期待効用理論」という、標準的な経済学の教科書で「不確実性の下での選択」の基礎理論になっているものですので、少し説明しましょう[49]。ベルヌーイは、人々の心の満足感、効用とその人が保有する資産の関係を議論しました。彼によると、資産と効用との間には、次のような関係があるというのです（図表23）。

図表23 | ベルヌーイが想定した資産と効用の関係[50]

資産（億円）	0	1	2	3	4	5	6	7	8	9	10
効　　用	0	28	45	57	66	74	81	86	91	96	100

　効用というのは心の中の動きですので、単位はありません。嬉しいと感じるときには、数字が大きくなるというように考えてください。図表23をグラフにしてみると、次のようになります（図表24）。

49　Bernoulli（1954, 原著は1738）
50　Kahneman（2011）を翻案。

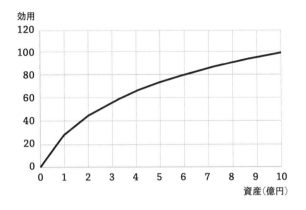

図表24 | **期待効用理論における資産と効用の関係**

効用

（グラフ：縦軸「効用」0〜120、横軸「資産（億円）」0〜10）

資産（億円）

　ベルヌーイの想定では、資産が増えるとともに効用も増えていきますが、その増え方がだんだん小さくなっていくことがわかります。これはどうしてそうなのでしょうか？ どなたかいかがでしょうか？

B ｜ 資産がゼロから1億円になるのはすごく嬉しいですが、資産が増えていくと、さらに1億円増えることによる嬉しさの度合いがだんだん小さくなっていくということだと思います。

岩澤 ｜ おっしゃるとおりですね。このようなグラフを「上に凸型」といいます[51]。ベルヌーイは資産と効用との間には「上に凸型」の関係がある、と主張したわけです。そして実は、そこにはもうひとつ深い意味がありました。それはこの「上に凸型」の関係が、人々のリスク回避の性向をうまく示しているということでした。

　たとえば、「今すぐ5億円あげます」という選択肢と、「50％の確率で10億円、50％の確率で0円」という選択肢を比べると、多くの人は後者を選びます。ここで上の表とグラフの数字を当てはめて考えてみましょう。「今すぐ5億円」ということだと、その効用は74です。一方、「50％の確率で10億円、50％の確率で0円」はどうでしょう。効用で考えると「50％の確率で100、50％の確率で0」ですから、効用の期待値——「期待効用」と呼びます——は0.5×100+0.5×0=50です。効用が大きい

51　数学的には「凹関数（concave function）」または「上に凸関数」と呼ばれる。

のは「今すぐ5億円」のほうなので、このような「上に凸型」の効用を持っている人は「今すぐ5億円」を選ぶはずだと議論できるわけです。

　人々は不確実な将来について選択する場合に、その選択肢のもたらす収益の期待値ではなく、期待効用に基づいて選択する。そして人々の効用は、資産に対して「上に凸型」、つまりリスク回避型の特徴を持っている。このような考え方を「**期待効用理論**」といいます。

プロスペクト理論

岩澤｜さて、カーネマンとトゥベルスキーは、この「期待効用理論」が人々の現実の選択行動の説明理論として適切なものとは言えないという主張をして、それに「**プロスペクト理論**」という名前をつけました[52]。その主張を見ていきます。

　まず次のような事例を考えてみましょう。

　鈴木さんと山田さんは、ともに今日時点での資産が3億円である。昨年末時点では、鈴木さんの資産は10億円であった。一方山田さんの資産は1億円であった。

　この場合待効用理論では、鈴木さんと山田さんの効用は同じ（図表23の数値例だと57）になる、と考えます。効用は資産の総額で決まると考えるのが期待効用理論の基本だからです。しかしどうでしょう。素朴に考えて、鈴木さんと山田さんを比べると、どちらがより「心の満足感」を持って生きていると思いますか？

C｜山田さんですね。

岩澤｜ですよね。どうしてそう思われますか？

C ｜ 資産が3倍になった山田さんはイケイケの気分でしょうし、逆に3分の1になった鈴木さんはガッカリのはずです。

岩澤 ｜ ありがとう。これがカーネマンたちの第一の論点でした。「人間の心の状態は、資産の「水準」よりも、資産の「変化」によってより大きな影響を受ける」ということです。

　実は人間の認識というのは結構いい加減なもので、認識の対象そのもの──資産の「水準」──よりも、認識の対象が置かれた環境──資産の「変化」──が認識に影響を与えてしまうのです。

　カーネマンはそのことを示すために、次の図を示しています（図表25）。

　この図は、左右に二つの四角があって、それぞれの四角の中に小さい四角があります。その二つの小さい四角の色を比べてみてください。同じ色だとは思えませんよね。左は薄い灰色、右は濃い灰色に見えるはずです。しかしじつは両方の灰色は、まったく同じ灰色なのです。

　不思議ですよね。人間の認識は、そのもの自体の性質だけでなく、そのものの置かれた環境──コンテクスト──にも、強い影響を受けるわけです。これは第1講でやった「ABC」と書いてあるのか、それとも「121314」と書いてあるのかによって、同じ文字の見え方が変わってしまうという問題と一緒です。そしてこのことは他人の認識に影響を与えようとするときに重要な問題になります。同じ灰色であっても、周囲を変化させることで薄く見せたり、濃く見せたりすることが可能になる、ということですね。

図表25 ｜ **認識は対象物の置かれた環境に依存する**[53]

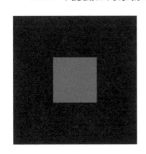

53 Kahneman（2003）

さて、カーネマンたちは、自分たちの主張（プロスペクト理論）と期待効用理論との違いを明確にするために、独自のグラフを作成しました（図表26）。期待効用理論のグラフが1象限しかないのに対し、プロスペクト理論のグラフには4つの象限があります。資産の水準ではなく、資産の変化によって、効用が影響を受けると考えたためです。縦軸は効用を示しますが、カーネマンたちの表現に倣ってこれを「**心理的価値**」と呼びます。また、原点を「**参照点**」と呼びます。

図表26 | **プロスペクト理論**（心は資産の変化に影響を受ける）

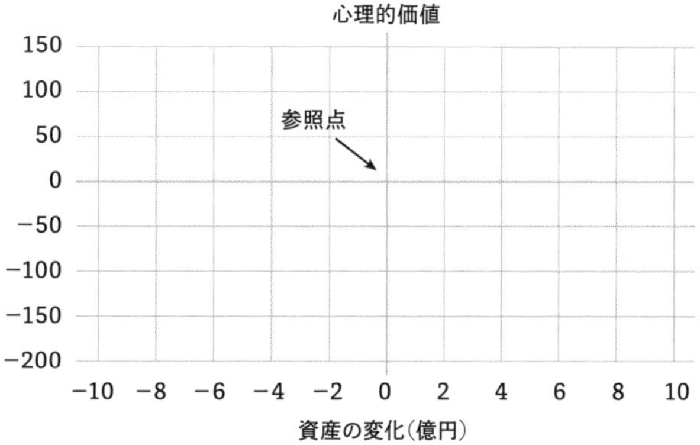

ここで【問題2】をレビューしましょう。【問題2】は2つの設問に分かれていました。①「今すぐ10万円（a）」と「50％で20万円、50％で0円の宝くじ（b）」のどちらかを選ぶ、という問題。②はよく似ている問題ですけど、「今すぐマイナス10万円（a）」と「50％でマイナス20万円、50％で0円の宝くじ（b）」のどちらかを選ぶ、という問題でした。

皆さんの答えは「a-a」、「a-b」、「b-a」、「b-b」のどれかに当てはまるはずです。どれかに手を挙げてください。

「a-a」の人？

（少数が挙手）

「a-b」の人？

（多数が挙手）

「b-a」の人？

（誰も手を挙げない）

「b-b」の人?

（ごく少数が挙手）

　ありがとう。①はa、②はbという方がマジョリティのようですね。

　今度も多数派の方々にお聞きしましょう。なぜ「①はa、②はb」なのか、ですね。「①はa」というのは、既に議論した「リスク回避」で説明できます。0円になるリスク（b）を考えたら、手堅く10万円（a）を取りにいくんですよね。しかしではなぜ「②はb」なのでしょうか? リスクというのは「起こり得ることの幅の広さ」だ、という話をしましたが、②ではb（50%でマイナス20万円、50%で0円）のほうがa（100%マイナス10万円）よりリスクが大きいですよね。なぜ②でbなのか、そこを聞かせてください。

D｜②でaを選んだら確実に損失が出ます。これはイヤです。一方bを選べば、おカネがなくなるのを回避するチャンスがあるからです。

岩澤｜なるほど。損をするのを回避したい、ということですか?

D｜そうです。bでは半々の確率で損失がゼロですから。損失を回避できる可能性は結構あります。

岩澤｜そうか。確実に損失が出てしまう、というのがイヤなわけだ。

D｜「損失が確定してしまう」ってのがイヤですね。非常にイヤです。

岩澤｜「非常にイヤ」ですか。感情がこもってますね（笑）。あといかがでしょう。なぜ「a-b」なのか?

E｜私は株をやっているので非常によくわかるのですが、利益が出るときには利益確定したいです。一方、損失が出そうなときは損失を確定したくないです。

岩澤｜利益が出るときと、損失が出そうなときとでは行動原理が変わるわけですね。しかしEさん、②でbを選んでしまうと、50%の確率でもっと損が出るかもしれませんが、そこはいかがですか?

E｜自分は大丈夫だと思います（笑）。Dさんは20万円損をするかもしれませんが（笑）、私は大丈夫です。

岩澤｜相当都合いいですね（笑）。あと一人くらい聞いてみましょうか。

E｜自分は、こういう宝くじとかのとき、運がいいほうなんですね。だから②はbを選びます。損が出るのを避けられると思います。

｜Eさん、①ではaですよね。ご自分は大丈夫、運がいいんだ、というのであれば、①で「50％で20万円」を取りにいこうと思われないのですか？

E｜思いません（笑）。そこはむしろ「50％で0円」になったらイヤだな、と思います。

岩澤｜なるほど。確認しましょう。今のCさん、Dさん、Eさんみたいな発想を、多くの人が持っていると思います。多くの人は、自分に利益が出ている、あるいは出そうな局面と、自分に損失が出ている、あるいは損失が生じそうな局面とで、行動パターンが変わってしまうようです。利益の領域では「リスク回避」なのですが、損失の領域では「損失回避」が基本原理で、「損失回避」をしようとするので、結果として「リスク追求」になります。そしてそれは、理性的なリスク追求ではなく（笑）、「自分は運がいいんだ」みたいな無根拠な信念に基づいた、少しおかしなリスク追求なのです。

　カーネマンたちの第二の洞察はこの点、つまり「人間は利益の領域と損失の領域とで、非対称な判断を行う」というものでした。利益の領域では「リスク回避」ですから、資産の変化と心理的価値の関係が「上に凸型」ですが、損失の領域では「リスク追求」ですから、その関係は逆になって、「下に凸型」[54]と呼ばれるものになります（図表27）。

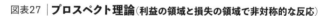

図表27｜**プロスペクト理論**（利益の領域と損失の領域で非対称的な反応）

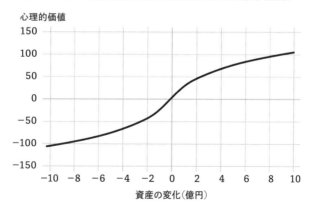

心理的価値

資産の変化（億円）

54　数学的には「凸関数（convex function）」または「下に凸関数」と呼ばれる。

【問題3】にいきましょう。「50％の確率でプラスX円、50％の確率でマイナス1万円」の宝くじを買いたくなるためには、Xがいくら以上でないといけないかという問題です。皆さんのお答えを聞いてみましょう。

F｜5万円。

G｜5万円。

H｜2万円。

I｜1万円。

J｜10万円。

K｜20万円。

L｜100万円。

M｜2万円。

N｜3万円。

O｜5万円。

岩澤｜ありがとう。Lさんの100万円が一番大きいですね。Lさん、マイナス1万円、イヤですか？

P｜イヤです。本当は100万円でもイヤです（笑）。

岩澤｜なるほど。この皆さんが答えてくださった金額が何を表しているか、わかりますよね。50％の確率で1万円失うかもしれない、それは誰にとっても「イヤ」ですよね。ここに書かれた金額はその痛みを補うための、痛みの価格なわけです。皆さんの心の痛みは結構大きいようで（笑）、中央値が5万円です。1万円の損失を補うには、5万円の利益がなければいけない。損失の痛みは大きいので、それを補うには、損失を上回る利益がなければいけない、というところがポイントです。

　カーネマンたちは、似たような実験を繰り返し、ある金額の損失による心の痛みは、同じ金額の利益による心の喜びの1.5~2.5倍であると議論しています。そしてこのポイントを加えたものが、プロスペクト理論のグラフの完成形になります（図表28）。図表27と違い、図表28では原点 —— 参照点と呼びます —— のところでグラフが折れていて、1万円の利益に伴う心理的価値と、1万円の損失に伴う心理的価値とを比べると、後者のほうが大きいことを示しています。

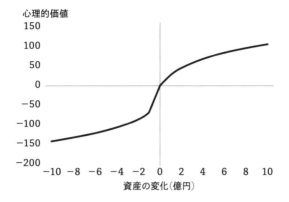

図表28 │ **プロスペクト理論（損失の痛みと利益の喜びの非対称）**

心理的価値

資産の変化（億円）

生理的嫌悪としての損失回避

岩澤│ここまでカーネマンたちのプロスペクト理論を説明してきましたが、要は、人はとにかく損をするということ、損をしてしまうと思うこと、これがとてもとても嫌いである、ということに尽きます。この点について、少し説明を加えましょう。

　人間が損失に対して示す嫌悪感は生理的なものです。ゴキブリの形をしたチョコレートを差し出されて食べるように言われたときに感じるような、得も言われぬ嫌悪感、これと損失に対して感じる嫌悪感は同じ種類のものなのです。実際、脳神経科学者たちの実験によると、ヒトが損失回避性向を示すときに活発化する脳の部位は、大脳辺縁系、特に「偏桃体（amygdala）」と呼ばれる部分です[55]。それは情動、意欲、記憶など――いずれも「システム1」の要素です――を司る部位であり、そして脳の中で、進化的に最も古い部位のひとつであるとされています。

55　De Martino et al.（2006）を参照。De Martino et al.（2010）は偏桃体が損傷した患者が損失回避の性向を示さないことを実証している。

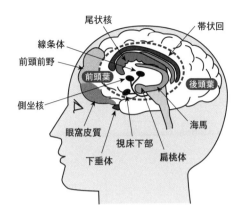

図表29｜**人間の脳と大脳辺縁系**（赤い点線の内部）[56]

尾状核
帯状回
線条体
前頭前野
前頭葉
後頭葉
側坐核
眼窩皮質
視床下部
海馬
下垂体
扁桃体

損失回避性向が脳の古い部位で示されるものだということは、それが進化の早い段階で脳に組み込まれたものであるということを示します。なぜ人間の脳の中に、早い段階で損失回避性向が組み込まれることになったのか、どなたか想像できますでしょうか?

Q｜損失回避というのは、死の危険を回避しようとする心から育っていったものだと思います。危険を察知して、それを避けて生き延びようとした人だけが生き延びることができたのでしょう。だからそういう心を持つ人が残っていったのだと思います。

岩澤｜おっしゃるとおりでしょうね。ジャングルに住んでいた頃の人間は、動物に襲われて死ぬ危険と隣り合わせで暮らしていた。死の危険を回避する強い衝動がないと、生き延びることができなかったでしょう。そういう時代が長かったので、人間の心には死の危険回避、損失回避が深い次元で組み込まれている、そのように考えることができます。そして今でもそれは、時によって、我々を助けてくれる力になります[57]。

しかし現代社会はジャングルと同じではないですから、「システム2」を

56　友野（2006）図9-2。赤い点線は著者が加筆。
57　脳神経科学者のアントニオ・ダマシオらは、情動を司るとされる前頭葉が損傷した患者は、連続して同じギャンブルを行った場合、大きな損失の経験記憶が弱いために、繰り返し危険な選択を行う傾向があり、結果として最終的に大きな損失を被る可能性が高くなってしまうことを示した（Damasio 1994）。これはシステム1の働きがギャンブルで大きな損失を回避する役割を果たすことを示している。

使って考えなければいけない局面も多いわけです。そこにおいて、我々の脳に深い次元で組み込まれた「システム1」が適合的とは限らないんですね。次にそのことを見ていきたいと思います。

株式の売買と損失回避

岩澤｜【問題4】にいきましょう。トヨタの株式を何年か前に買ったとして、それからどうしたと思うか? という問題でした（図表22: 115ページ）。

【問題4】は、買ったタイミングが2012年12月で、株価が4,000円だったときです。これは結構ラッキーなタイミングでしたね。安倍（晋三）さんが首相になって「アベノミクス」相場なんて言われて、そのあとすぐに株価が急騰したタイミングでした。さて、皆さんはそのあとどうされたでしょうか、お聞きしましょう。

「現在までに売却してしまっただろう」と思う方は?

（約70％が挙手）

「現在も保有したまま」と思われる方は?

（約30％が挙手）

ありがとうございます。多数派は「現在までに売却した」ということのようですね。そのことを確認しましょう。この多数派の方々にお聞きします。何年何月にいくらで売却した、と思うのか。どうしてそのようにしたと思うのか、これをお答えください。

R｜2013年の6月か7月頃ですかね、6,000円を超えてもみ合ったあたりで売っていたと思います。

岩澤｜ずいぶん早いですね。どうしてそう思われますか。

R｜利益が出たので、とにかく早く売って利益を確定させたいところですが、毎日上がるんで（笑）。しかし6月か7月か、ちょっと上がるペースが落ちてきたなってところでもう売っていたと思います。

岩澤｜なるほど。とにかく早く利益確定したかったわけですね。あとはいかが

でしょうか。

S｜私は2015年年末くらいですかね。7,000円台で売却していたと思います。

岩澤｜なるほど。どうしてそう思われますか。

S｜2015年の半ばくらいまでは上がり続けていて、8,000円を超えますが、そこから（2015年の秋にかけて）結構下がりますよね。あの大きな下げでビビって「早く売らなければ」となると思います。それでそのあと、年末にかけて戻したところで「ヤレヤレ」って売っていたと思います。

岩澤｜なるほど。利益が出ているうちに、それを確定させたいって考えていたってことですね。

　次に【問題5】にいきましょう。今度は、買ったタイミングが2015年7月、株価が8,000円のときでした。今Sさんが説明してくれたように、残念ながら、そこから株価は下がってしまいますよね。そして現在も8,000円台は回復していない。株を買うときには、みんな上がると思って買うわけですが、意に反してこうなってしまうこともありますよね。さてそのとき皆さんはどうされたでしょうか。今度も同じ質問をします。

　「現在までに売却してしまっただろう」と思う方は？

（約30％が挙手）

　「現在も保有したまま」と思われる方は？

（約70％が挙手）

　先ほどとは対照的に、「現在も保有したまま」の方が多いですよね。その方々にお聞きしましょう。なぜ保有したままだと思うのか教えてください。

T｜いやもう、単純に8,000円で買って、8,000円より下で売るのはイヤだと思うんで、ずっと持ったままだと思います。

岩澤｜なるほど。やはり「損失回避」ってことですかね？

T｜そうですね。損しているところで売ってしまうのは、なんか惨めな気持ちになるので、やりたくないです。

岩澤｜わかりました。他の方はいかがでしょうか。

U｜Tさんと同じですが、とにかくマイナスは回避したいですから、8,000円より上がるのをひたすら待ちます。それで、途中で下がっていますが、それほど下がっているわけじゃないですよね。もっと大きく

下がっていれば、諦めて売っていると思うんですが、諦めるような水準
じゃないんで、上がるのを待つと思います。それにトヨタですからね。い
つかは上がってくるんじゃないかと。

岩澤｜トヨタだからというのもあって、上がるのを待つのだけれど、やはりその
前に「とにかくマイナスは回避したい」というのがあるわけですよね。

システム1のマネジメント

岩澤｜皆さんの発言から感じていただけたと思いますが、株式、あるいは
投資信託のようなリスク資産の売買を行う投資家の行動にはシステム1の影
響が色濃くみられます。それらを整理してみると、次のようになります[58]。

　投資家がある株式を買ったとして、その株式が買った値段よりも値上がり
をした場合には、投資家は嬉しい気持ちになります。その嬉しい気持ちを
味わうために、頻繁に値段を確認するようになります。そして利益が出てい
るうちに、それを確定させようとして、早めに売却しようというドライブが働く
傾向があります。

　一方、買った株式が値下がりした場合には、現在の値段を見ようとしな
くなります。買った値段への拘りは強く、買った値段よりも下回る値段で売
ることには、非常に強い抵抗感を感じます。そしてその結果、しばしばパ
フォーマンスの冴えない株式を延々と保有し続けることになりがちです。

　こうした行動は、常に問題行動であるというわけではありませんが、投
資の目的次第では非合理的な行動になります。たとえば、投資の目的が、
長期にわたり預金金利を上回るリターンを得ることにあるのならば、利益が
出ているからといって早めに利益を確定させてしまうのは合理的ではありま
せん。また、投資の目的が短期的な値上がり期待の実現なのであれば、
値下がりしている株式を延々と保有することは非合理的です。

58　Odean (1998)、Karlsson and Lowenstein (2006)を参照。

早すぎる利益確定や、遅すぎる損失確定は、合理的に計算された行動ではなく、システム1という、我々の脳内に深く埋め込まれたものに動かされたものです。実際に投資を行っているとシステム1は否応なく立ち上がります。それを止めるのはなかなかできることではありません。

　今、早すぎる利益確定や、遅すぎる損失確定が、自分の投資目的にそぐわない問題行動であるとします。その場合、こうした問題行動を回避するには、何をどのようにしたらよいでしょうか。何かアイデアがありますか？

V｜ 投資をしているときにシステム1が立ち上がることを防ぐことはできないとしても、自分の投資行動がそれに支配されてしまうのはなんとかできるような気がします。値動きだけをみていると心を奪われそうですが、自分の投資目的を確認するとか、トヨタ自動車の株価の動きの背景にある業績を分析するとかで、冷静になることができるのではないでしょうか。

岩澤｜ システム1に自分の判断を支配されないように、システム2を使うように意識的に努力してみるっていうことですね。システム2を意識的に使用すると、システム1の働きは確かに抑制されるようです[59]。これは確かに一案ですね。

W｜ 事前に行動のルールを決めて、自分の行動を縛っておくというやり方があると思います。損失確定を避けようとする弱い心があるわけですから、それを克服するために、たとえば、10%値下がりしたら必ず損失を確定させておくと決めておけばよいのではないかと思います。

岩澤｜「損切りルール」を決めておく、という話ですね。実は、多くの優れた投資家はこうした「損切りルール」を持っていると言われています。根強い損失回避の心を克服するための仕組みなんでしょうね。

　我々の脳にはシステム1が深く埋め込まれているわけですが、VさんやWさんがおっしゃってくださったのは、我々はそれをマネジメントすることができるということです。システム1があることを前提に、それが行動の目的を阻害しないように、意識的な対応を行うことができるわけです。

59　Soll et al.（2016）は、視野を広げてみること、代替案を検討すること、失敗の可能性を検討することなどを通じたシステム2の意識的な使用が、システム1に基づく判断や選択のバイアスを緩和するために有効であると論じている。

もっとも、自分のシステム1のマネジメントはいざしらず、他人のシステム1をマネジメントするのはもう一段難しい問題になります。ここでケースの議論に移りましょう。

X大学A学長[60]

2015年3月、X大学のキャンパスには衝撃が走った。10年前、1,000人を超えていた学部の新入生の数が、2015年度はついに500人を切ることが明らかになったからだ。

X大学に新入生が集まらなくなってきた理由は明らかであった。X大学のキャンパスは、都心から電車で1時間以上かかる郊外の広大な敷地にある。30年前、米国の大学のキャンパスをモデルにこの場所への進出を決めた際には、日本にそのような大学がまだ少なかったこともあり話題になったし、その後少なからぬ大学がX大学と同様にX大学の周辺、郊外へのキャンパス移転を行ってきた。しかしここ10年ほどは、郊外から再び都心へと回帰する大学が多くなっていた。車を運転する学生が減ったこと、郊外のキャンパスに通うためにかかる交通費を負担に感じる学生が増えたこと、そしてアルバイト先が豊富にある都心近くにあるキャンパスに魅力を感じる学生が増えたことが背景にあった。そんな中、郊外に残されたX大学のキャンパスに集まる学生は急速に減少しつつあったのである。

だが30年前にこのキャンパスへの移転を決めたX大学のA学長（80歳）は意気軒昂であった。3月15日の教授会で「私の目の黒いうちに、X大学が都心回帰することは決してない」と全教授の前で宣言したのである。A学長は、X大学の職員が行った、都心型キャンパスについての調査を報告した。都心型キャンパスは総じて手狭であり、学生たちがキャンパスの階段でカップヌードルを啜っているなど、大変みっともないというのである。A学長の剣幕に圧された教授たちは、沈黙を守るばかりであった。

---

60 本ケースは著者がクラス内での討論を行うことを目的として作成したものである。記載された内容、名称、数値等は入手された資料に基づいているが、必要に応じて改変もしくは偽装されており、ケース内に登場する企業／組織の経営の巧拙を問うものではない。

しかしA学長の隣に座っていたB経済学部長は、教授会が終わったあと、A学長が小声で漏らした本音を聞き逃さなかった。

　「ここにいくら投資したと思っているのだ。累計100億円だ。絶対にここは手放さない」

第**3**講 │ アサイメント（課題）

☑ A学長は郊外型キャンパスにとどまる
意向である。この意思決定について
どのように考えるか

☑ あなたが経営コンサルタントなら、
上記の問題について、
A学長に対しどのように対処するか

DISCUSSION

A学長の意思決定 ── 支持の意見

岩澤｜ケースの討論を始めましょう。X大学の郊外型キャンパスをめぐるケースですね。最近は郊外型のキャンパスはあまり人気がなく、都心にキャンパスを移転する大学も増えています。そんな中、約30年前にこのキャンパスへの移転を決めた主人公のA学長は、依然として郊外型のキャンパスにとどまる意向を強く持っておられるようです。

さて、このA学長の判断をどう考えるか、最初に皆さんの意見をお聞きしましょう。A学長の意思決定を支持するか、それともA学長の意思決定は支持できないと考えるのか、どちらかに手を挙げてください。

A学長の意思決定を支持するという方は？

（約30％が挙手）

A学長の意思決定は支持できないという方は？

（約70％が挙手）

ありがとう。では最初に、A学長の意思決定を支持するという方にご意見を聞いてみましょう。なぜそう考えるのか、おっしゃってください。

C｜経営においては「やるべきこと」、「ミッション」を定めて、それに基づいた経営を行うことがとても大事だと思います。A学長が郊外型キャンパスに進出した30年前、アメリカの大学のような広いキャンパスで、のびのびとした環境で学生を育てたいという理念があったと思います。A学長のその理念は今も変わっていないわけで、ここでキャンパスを変わってしまったら、ミッションに反する経営になってしまいます。

岩澤｜広いキャンパスで教育をすることを「使命」と謳っている大学なのだから、とケースに書いてあるわけではないけれども（笑）、そうなんだろうって想像して言ってくれたんですね。「ミッション」を踏み外したらいかんだろうと。そういうご意見ですね。いろいろご意見を聞いてみましょう。

D｜新入生の数が減っていることは事実ですが、それがすべて郊外型キャンパスのせいなのかどうかは疑問です。少子化が進んでいるので

第
3
章
理論＋ケースメソッド実況中継 ── 行動経済学
136

すから、どこの大学も学生の確保に苦しんでいるはずです。Cさんが
おっしゃったように、この大学のミッションは郊外で教育を提供すること
にあるのですから、都心に行くことを考える前に、郊外で何ができるの
かを考えたほうがよいと思います。

岩澤｜少子化は日本全体の問題だから、都心に行けば解決するというほど
甘い話ではないってことですね。あとはどうでしょうか。

E｜都心に移転すれば問題が解決するわけではないという議論に付け
加えたいのですが、今既に多くの大学が都心回帰しているわけです。
そうすると、都心マーケットはもう競争過多で、レッドオーシャンになって
しまっているかもしれないと思います。一方、ライバルが撤退しつつある
郊外マーケットは新しいブルーオーシャンの可能性もある。競争条件を
考慮すると、都心のほうがいいとは全然言い切れないどころか、逆の
結論が成り立つと思います。

岩澤｜競争条件を考慮するべきってことですね。ライバルが既にやっている
ことを、最後のほうでついていくのはあまり賢くないのではないかと。なかな
か説得力ありますね。他にありますか？

F｜コストの問題を考える必要があります。都心に移転するとなると、莫
大な費用がかかるわけですよね。一方、郊外のキャンパスに残るのであ
れば、追加の費用はそれほど必要ないわけで。収入の問題だけを考え
たら都心のほうがよく見えるかもしれませんが、あくまで問題は収入と
コストのバランスだと思います。

岩澤｜投資の意思決定をするときには、投資によって生まれる収益だけで
なく、どのくらい投資が必要なのかも見なければいけないと。それはそうです
よね。都心移転には大きな投資が必要になるでしょうからね。A学長支持の
意見、なかなか強力でしたね。

A学長の意思決定 ── 反対の意見

岩澤 ｜ 続いて、A学長の意思決定は支持できない、というご意見を伺いましょう。

G ｜ 新入生の数のトレンドを見ると、急速に下がってきています。10年前に比べて半分なわけで、ここで手を打たなかったら、次の10年、さらに半分になる可能性が高いと思います。

岩澤 ｜ なるほど。Fさん、先ほどのEさんのコメントについて少しお聞きしたいのですが、確かに郊外にとどまれば、更に新入生は減るかもしれない。しかし郊外にいるのならば、追加の費用はあまりかかりません。一方、都心に行けば莫大な費用がかかりますよね。そのへんはどうお考えですか？

G ｜ 費用もかかるでしょうが、売上は都心に行ったほうがはるかにマシでしょう。郊外で座して死を待つよりは、都心で勝負すべきと思います。

岩澤 ｜ わかりました。いろいろご意見を聞いてみましょう。

H ｜ 都心型がいいのか、郊外型がいいのか、ケースの中に判断できるだけの十分な情報はないと思うのですが、A学長の意思決定には問題があると思います。「郊外のキャンパスに100億円を投資してきたので、ここは絶対に手放さない」というのは、感情論ですから、これだけが郊外にとどまる理由だとしたら賛成はできません。

岩澤 ｜ なるほど。「都心型か郊外型か」という議論の前に、A学長の意思決定のしかたに問題があると。A学長が郊外にとどまりたいというのは、理性的な議論ではなく、感情論なのではないかというご指摘ですね。少しこの論点を突っ込んで考えてみましょう。A学長の意思決定は感情論でしょうか？

I ｜ 感情論の面が強いと思います。ケースからの想像になってしまいますが、A学長はこのキャンパスへの移転を自分が決めて、何年もかけて100億円を投じて育ててきた。自分が育ててきたっていう感覚を強くお持ちでしょうから、そこを離れたくないのは当然だと思います[61]。

61　自分が保有する（と考えている）ものを手放すことに、人は強い抵抗を感じる。これは「保有効果（endowment effect）」と呼ばれるバイアスである。Kahneman et al.（1991）を参照。

岩澤｜自分が育ててきたという感覚。あるでしょうね。あとはどうでしょう。

J｜100億円をかけて育ててきた。それを今手放すとなれば、その投資が失敗したみたいな感覚になってしまうのだと思います。自分の投資が失敗だったと認めたくないという感情論が、A学長の意思決定の後ろにあるように思えます。

岩澤｜　先ほどやったトヨタの株式のケースと似ていますよね。8,000円で買った株は、8,000円を下回る値段で売りたくないという。A学長の意思決定は「損失回避」、システム1の意思決定なのではないかってわけですね。しかしトヨタのケースで、「損失回避」が合理的かどうかは、行動の目的次第だと申し上げました。今回はどうでしょうか。この文脈で、A学長の感情論、つまり「100億円かけたのだからここは手放さない」というのは、合理的な意思決定でしょうか?

K｜　合理的とはいえないと思います。100億円の投資は終わった話、過去の話です。やらなければいけないのは、郊外にいたらどうなる、都心に行ったらどうなるっていう、将来の話だと思います。

サンクコスト

岩澤｜　なるほど。ここで一旦議論をまとめましょう。AかBかの意思決定を行うときの基本は、Aを実行することにより生じる将来のベネフィットとコスト、そしてBを実行することにより生じる将来のベネフィットとコスト、この二つのネット・ベネフィット（=ベネフィット-コスト）の比較分析です（図表30）。

　大事なことは、考えるべきコストやベネフィットというのが、これから実行するアクションに伴って将来生じるコストやベネフィットであるということです。合理的な意思決定を行おうと思ったら、過去に生じたベネフィットやコストは、それがどれほど大きなものであっても、それは終わったことですから、意思決定の材料として考慮に入れるべきではないのです。

第3章　理論＋ケースメソッド実況中継——行動経済学

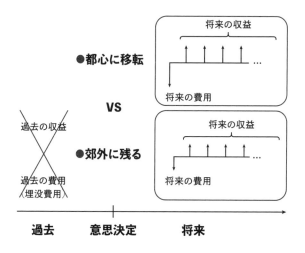

図表30 | 都心に移転か、郊外に残るかの意思決定で考慮すべきこと、考慮すべきでないこと

岩澤│ 過去に投じてしまった費用で、将来戻ってこない費用のことを「**埋没費用**（サンクコスト：sunk cost）」といいます。このケースで、A学長が郊外のキャンパスに投じてきた100億円は、将来戻ってくるものではありませんので、サンクコストです。これは郊外に残るべきかどうかの意思決定において、考慮すべきコストではなく、無視すべきものです。

　しかしA学長にとっても、そして多くの人にとっても、サンクコストを「過去のことだから」と切り捨てるのは難しいことです。投じてきた費用の成果である、目の前のキャンパスは自分のものであるように感じられるでしょうし、自分の投資が失敗に終わったのかもしれないと考えるのもとても苦痛なことでしょう。こうした心理——システム1——に動かされるのは、A学長だけではありません。多くの人にとって、サンクコストを無視するのは難しいことです。とはいえ、将来のことに関する意思決定をサンクコストが引っ張ってしまうのは、合理的なこととはいえません。

A学長へのアプローチ

岩澤｜議論を進めましょう。もうひとつの課題は「あなたが経営コンサルタントだったら、A学長にどのように対処しますか?」というものでした。経営コンサルタントとしては、都心に移転するのか、郊外に残るのかはともかく、A学長の判断は感情に流されていて合理的なものではありませんので、そのことは伝えなければいけません。さてそのときどのようにA学長にアプローチするのか、という問題です。いかがでしょうか?

L｜A学長の問題点は、客観的なデータが頭にないことだと思います。まずは人口動態、18歳人口がこれからどうなるかのデータ、それから郊外型大学と都心型大学の新入生の推移。X大学の競合の動向。こういうデータを客観的に伝えることから始めます。

岩澤｜なるほど。そうすると、A学長の前でパワーポイントプレゼンテーションとかなさるわけですか?

L｜そうですね。

岩澤｜そのパワーポイントプレゼンテーションの機会はどうやってつくりますか?

L｜えー、まず学長にデータについて関心を持ってもらわなければいけませんので、フリーでデータを提供したりしたらどうかと思います。

岩澤｜データの案内をメールかなんかで送るってことですか? A学長、そのメール、見ますかね? どなたかいかがですか?

M｜A学長は、自分の気に入らないデータは見ない、聞かない、聞かせたら怒り出す人だと思います。X大学の職員はそれがわかっているから、都心型キャンパスについてネガティブな情報だけを報告しているのです。

岩澤｜A学長は客観的なデータを見ようとは思っていなさそうですよね。実は秘かに見ているのかもしれないけれど、他人から「あんた客観的なデータ見なきゃダメだよ」って指摘されるのが好きなタイプには見えないですよね(笑)。さあ、どうしましょうか?

N｜A学長がご自身で経験をしていただくのが良いと思いますので、実験をしてみることをお勧めします。都心のキャンパスを借りて、実験的に小規模の都心型キャンパスを動かしてみることを提案します。

岩澤｜NさんにもLさんにしたのと同じ質問をしますが、その実験の提案は、パワーポイントプレゼンテーションかなんかでするわけですよね？

N｜パワーポイント…そうですね。

岩澤｜そのパワーポイントプレゼンテーションの機会はどうやってつくりますか？

N｜こういう提案があるんですが、お時間いただけないでしょうかとお願いします。

岩澤｜こういう提案とは？

N｜都心型のキャンパスの実験をしてみるという…。

岩澤｜A学長に時間をとってもらえるでしょうか？

N｜うーん（笑）。難しそうですかね。

岩澤｜ですよね。他の方に聞いてみましょう。

O｜私が経営コンサルタントだったら、A学長に、一緒に都心型キャンパスの成功事例を視察するようにお誘いします。結局A学長自身で、ご意見を変えていただかないと話が進みませんので、都心型をご自分の目で確認していただくのが良いと思います。

岩澤｜また同じ質問をしますが、その視察のお誘いをどうやって学長に伝えますか？

O｜こんな学校があるんですが、一緒に見に行きませんか？ とお願いします。

岩澤｜でもそのお願いをした段階で、Oさんの都心型に誘導したい意図は明らかになってしまいますよね。A学長、一緒に行くって言いますかね？

O｜あ、わかりました。その前に、少しA学長と仲良くならなきゃダメですよね。

岩澤｜そうですよね！ ここが大事なポイントだと思います。A学長の考えは、システム1に支配されているわけです。つまりシステム2で考えられない状態にいる。その人に対して「もう少しシステム2を使ってみたらいかがでしょうか？」なんて言ってみても、聞き入れられるわけがないと思いませんか？ そ

の前にA学長のシステム1にアプローチすることを考えなければいけません。それは例えば「仲良くなる」っていうことなんでしょうけれど、このあたりをどうするかについて、具体的なアイデアを出していただけないでしょうか？

P｜どうやってアポをとるかは難しいと思いますが、…

岩澤｜そうですね。とりあえず、アポはとれたとして、どんなコミュニケーションをするか、という点について議論しましょう。

P｜コミュニケーションは、A学長に対して共感を示すことが大事であると思います。A学長は反対の意見を聞かないわけですから、まずはとにかく自分はA学長の意見に賛成であると。学長の言うことは正しいと思っているっていうシグナルを送らなければいけないと思います。

岩澤｜「共感」というキーワードが出てきましたね。英語でEmpathyって言いますが、相手の感情に入り込んで理解するっていう意味ですね。そしてそれを理解したっていうシグナルを送ってあげることだと。このEmpathyのコミュニケーションの具体策について、もう少しアイデアを出してみましょう。

Q｜共感の前提として、まずA学長にご自分の想いを話していただかないといけません。それこそA学長にまずは「100億円ここに投じてきたのだから、捨てるわけにはいかない」っていう本音を正直に話してもらえる、そういう関係づくりが大切で、そのためには、学長と話をするときに、まず良い聞き手にならなければいけないと思います。「あ、この人聞いてくれるんだ」って思わせるような雰囲気をつくることから始めればよいと思います。

岩澤｜傾聴、アクティブ・リスニングなんて言ったりしますね。深くうなずいて、相手に「この人はよく聞いてくれる」って思わせる。そのことが相手の心を開いていく。

R｜話を聞いて、共感のシグナルを送るっていうのに付け加えると、学長を褒めるっていうのが有効だと思います。学長のこれまで30年間の話を聞きながら、どんな小さいことでも良いところをみつけて、「素晴らしいですね」とか「よくおやりになっていると思います」とか、賞賛のシグナルを送ることが大事だと思います。できれば、学長先生が褒めてほしいと思っておられるツボを押せると一段といいですよね。

岩澤｜褒められるのはみんな大好きですからね。褒められているうちに気分

が良くなっていろいろ話そう、っていうことになるかもしれない。

S｜Rさんの話の更に延長線上の話なのですが、私自身が上司に対してよくやるのは「エクストリーム擁護」みたいな方法です。上司が何かに反対しているときに、自分は上司以上に過激にそのことに反対してみせるわけです。「いやあ、あんなのあり得ないですよね」みたいに言うわけです。思い切り感情をこめて。そうすると、いつの間にか、上司のほうが落ち着いてきて、「いや、そうはいっても向こうにも言い分があって…」みたいになってくることがあります。

岩澤｜聞いて、褒めるだけじゃなくて、学長が反対している意見に過剰に反対してみせる。「都心型キャンパスなんて絶対ダメでしょ」みたいな感じかな。この人は味方だって思わせて、安心させる効果に加えて、自分が感情的になってみせることで、相手の感情が落ち着いてくる、と。なかなか高等テクニックですね。ありがとう。こういったコミュニケーションを通じて、相手のシステム1をほぐしていくことが、システム2のコミュニケーションを始める前提なんですね。順番を間違ってはいけない。さて最後に、どうやって学長に最初のアポをとるのか、そのアプローチについてアイデアを出してみましょうか。

T｜「自分は大学経営のコンサルタントです。X大学のような郊外型のキャンパスの展開について強い関心を持っておりまして、いろいろお話しをお伺いしたいので、お時間をいただけませんか?」

岩澤｜ありがとう。完璧だと思います。

Key Takeaways（まとめ）

岩澤｜今回のケースで議論したかったのは、自分が説得しようとする相手が、システム1による判断に囚われているときに、それに対してどうアプローチしていくかという問題でした。相手は顧客かもしれないし、上司かもしれない。しかしその人たちに働きかけて、考え方を修正してもらわないといけない。そのときにどうするのか。

はっきり言えるのは、最初からシステム2による、論理による説得で入るのは効果的なやり方ではないということです。システム1に動かされている相手を、システム2的な説得のみで覆そうとしても、そもそも相手は聞く耳をもたないでしょうし、無理やりそれをすると、かえって頑なにさせてしまって事態を悪化させかねません。

　システム2による説得の前に、相手のシステム1をほぐし、説得を受け入れる素地をつくる必要があります[62]。その基本は、Empathize、すなわち、相手の感情に入り込んで理解すること、良き理解者としてふるまうこと、そして、よき理解者であるというメッセージを相手にも伝えることです。傾聴すること、うなずくこと、賛意を示すこと、理解を示すこと。具体的なやり方はいろいろでしょうが、このプロセスに時間をかけ、仲良くなり、信頼されないことには、意味のある論理のコミュニケーションを始めることができないでしょう[63]。

　ビジネスを実践していくうえでは、ヒトのシステム1を理解しておかないとうまくいかないことが多々あるのですね。第4講の議論もこの延長線上にあります。

62　たとえば疲労、感情、情動などが身体と精神に強い影響を及ぼしている場合、人はシステム2による理性的な思考を働かせにくい状態となる。人のシステム2を稼働させるには、システム1の影響を緩和し、その人を「合理的な意思決定のできる状態（decision readiness）」とすることが重要である（Soll et al. 2016）。

63　Stone et al. (2010)は、同様な問題を交渉（negotiation）の文脈で論じたものであり、優れた実践的指針を含む著作である。

第3講に続き、第4講も「選択」の問題を取り扱います。いつものように、クイズに答えていただくところから議論をスタートさせましょう。

第4講 | セイリアンス／顧客のシステム1を理解できない経営者

【問題1】

①次の二つの選択肢のうち、どちらを選びますか?

a | 80%の確率で40万円が当たるくじ

b | 100%の確率で30万円が当たるくじ

②次の二つの選択肢のうち、どちらを選びますか?

c | 20%の確率で40万円が当たるくじ

d | 25%の確率で30万円が当たるくじ

【問題2】

①次の二つの選択肢のうち、どちらを選びますか?

a | 0.00001%の確率で10億円が当たるくじ

b | 100%の確率で100円が当たるくじ

②次の二つの選択肢のうち、どちらを選びますか?

c | 0.00001%の確率でマイナス10億円が当たるくじ

d | 100%の確率でマイナス100円が当たるくじ

見るポイントが異なると判断が変わる

岩澤｜問題をレビューしましょう。【問題1】は①と②に分かれています。皆さんの回答は「a-c」、「a-d」、「b-c」、「b-d」のうちのいずれかのはずです。どれかに手を挙げてください。

「a-c」の方？

（約5％が挙手）

「a-d」の方？

（誰も手を挙げない）

「b-c」の方？

（約70％が挙手）

「b-d」の方？

（約25％が挙手）

ありがとう。「aかbか」を見ると、ほとんどの方がbのようです。「cかdか」は意見が割れていますが、多数派はcですので、「b-c」が多数派です。

その多数派の「b-c」の方にお伺いしたいのですが、その前にひとつ確認しましょう。①ではほとんど全員がbを選んだわけですが、その理由は明らかですよね。リスクをとりにいくよりは、手堅く、確実な30万円をとりにいったわけです。しかしcとdではどうでしょうか。どちらのほうが、リスクが大きいかというと、リスクは「起こり得ることの幅の広さ」ですから、cのほうがリスクは大きいですよね。①でbを選んだ方が、なぜ②ではcを選ばれるのでしょうか？

A｜①は確実に30万円もらえるのですから、そこをとりにいきます。②では20％と25％とではあまり確率が変わりませんので、10万円多くもらえるほうを選びました。

岩澤｜おもしろいですね。「20％と25％とでは確率が同じようなものだと感じる」とおっしゃったわけです。だから確率ではなく金額で選ぶのだと。他に

いかがですか。

B｜ ①はAさんと同じで確実な30万円にしたのですが、②は期待値を計算して、大きいほうにしました。

岩澤｜ cは20％×40万円＝8万円、dは25％×30万円＝7.5万円なのでcということですね。でもBさん、①では期待値を計算したらaのほうが大きいわけで、期待値で選んでないですよね。

B｜ そうですね。

岩澤｜ なぜ①では期待値を使わないのですか？

B｜ やっぱり確実っていうほうを選びたいんです。

岩澤｜ ではくどいようですが、②で期待値を使うのはなぜですか？

B｜ cもdも同じような感じに見えるんですよね。だから、選ぶのなら客観的な基準が欲しいと思って期待値っていう発想になりました。

岩澤｜ 「aとb」では「100％」が決め手になってbなのだけど、「cとd」では、そうした決め手に欠けるわけですね。だからあえて期待値を計算する、と。わかりました。他にありますか？

C｜ 「20％と25％」を比較すると5％の差ですよね。一方「40万円と30万円」を比較すると10万円の差です。二つを比べると10万円の差のほうが大きく感じて、40万円のcを選びました。

岩澤｜ 「5％の差」と「10万円の差」を比べたら、「10万円の差」が大きく感じる、ですか。リンゴとオレンジを比較している感じがしなくもないですが（笑）、Cさんの意見に理屈をつけてみると、「5％の差」は20％の1/4、「10万円の差」は30万円の1/3ですから、確かに変化率でみると「10万円の差」のほうが大きいですね。

　ここで少しまとめると、Aさん、Bさん、Cさんの3人とも共通しているのは、「20％と25％」の差にまったく心を動かされていないんですね。「20％と25％」とでは「目糞鼻糞」だというわけです（笑）。それで40万円のcを選んでいる。それを確認したうえで、次に少数派の、「bとd」を選んだ方にお聞きしましょう。

D｜ 「aとb」は確実なほう（b）を選びました。「cとd」は確率の高いほう（d）を選びました。

岩澤｜ Dさん、cとdとでは金額が違いますよね。cは40万円でdは30万円で

す。金額の違いは気にならないですか？

D｜金額の違いよりも確率の違いのほうが気になります。やっぱり少しでも確実なほうがいいです。

岩澤｜おもしろいですよね。dを選んだ方は「20%と25%」の差に注目しているわけです。人によって全然心を動かされるポイント、見ているポイントが違うんですね。そして見るポイントが違うと判断が違ってくるわけです。

　【問題2】 に行きましょう。 今度も①と②に分かれています。「a-c」、「a-d」、「b-c」、「b-d」のどれかに手を挙げてください。

　「a-c」の方？

（約10%が挙手）

　「a-d」の方は？

（約80%が挙手）

　「b-c」の方？

（ごく少数が挙手）

　「b-d」の方？

（約10%が挙手）

　はっきりしましたね。 8割の方が 「a-d」を選びました。「a-d」のほうを選んだ理由をお聞きしたいのですが、その前に確認しておきましょう。「aとb」を比較すると、期待値は同じです（どちらも100円）。リスクはどちらが大きいかというと、a（0.00001%の確率で10億円）ですよね。 利益の領域で、確実なbを選ぶのではなく、リスクの高いaを選択していることになります。次に「cとd」を比較すると、今度も期待値は同じ（どちらもマイナス100円）ですが、リスクはc（0.00001%の確率でマイナス10億円）のほうが大きい。dを選べば確実に100円の損失です。損失の領域で、確実な損失を選択しているわけです。第3講で議論した「プロスペクト理論」と、完全に真逆の行動になっています。このことを確認したうえで、なぜ「a-d」なのか、を教えていただきましょう。

E｜①ですが、bを選んでも100円しか手に入らなくて、魅力がありません。一方aを選んだら、10億円当たるかもしれません。確率はゼロではありませんので。それでaを選びました。

岩澤｜確実だと言ってもわずか100円では魅力がない。それより10億円当たる可能性に賭けてみようってことですね。②はいかがですか？

E｜cを選んだら10億円失うかもしれませんよね（笑）。これは恐怖ですので、是非避けたいです。そのために100円払うのは保険みたいなもんで、全然構いません。

岩澤｜①は10億円手に入るかもしれないのでa、②は10億円失うかもしれないのでcを避けるってことですね。「10億円」に心を動かされて、そこに注目して判断をしていますね。他の方はいかがですか？

F｜①は宝くじを買う感覚です。当たったら儲けもので、そのために100円は惜しくないです。②は神社でお賽銭をあげる感覚です。厄除けのために100円払うのも惜しくないです。

岩澤｜なるほど。わかりやすいですね。

確実性効果と可能性効果

岩澤｜カーネマンたちは【問題1】や【問題2】のような実験をやって、我々と同じような結果を得ました。そしてそれは既に議論したように、第3講で勉強した彼らの「プロスペクト理論」とは矛盾する結果だったので、こうした結果を説明することのできる「プロスペクト理論パート2」を開発したのです。それが今から説明する「**確率加重関数（probability weighting function）**」です[64]。

　確率加重関数の考え方は、「人々は意思決定に際し、確率を自分の心の中で重みづけをして、客観的な確率とは異なるものに変換する」というものです。カーネマンたちの考えを具体的にグラフの形で示したものが図表31です。

　この図で、横軸は客観的な確率です。一方、縦軸はヒトが心の中で感

64　Kahneman and Tversky (1979)

じる「重みづけをした確率」を示します。両者が同じであれば、つまり、ヒトが心の中で客観的な確率をそのままで受け取るのであれば、45度線である点線のようになるはずなのですが、実際の「重みづけ」はそのようにはなっていないというところがポイントです。

図表31 | **確率加重関数**[65]

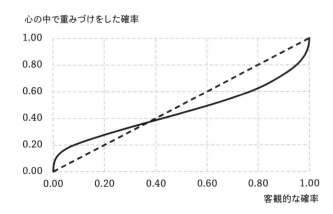

心の中で重みづけをした確率

客観的な確率

「重みづけをした確率」を示す実線には、上の実験結果に対するカーネマンたちの解釈が反映されています。

第一に、カーネマンたちは、ヒトは100%という確率を好む一方、100%を少しでも下回ったら、その確率に対する主観的評価は大きく低下する、と考えました。図表31で、客観的な確率が100%からわずかに低下すると、重みづけをした確率がガクンと低下しているのはこのためです。

第二に、ヒトは0%でない、0%に近い、0.00001%のような確率を「過大評価」する、と考えました。図表31で、客観的な確率が0%からわずかに上昇すると、重みづけをした確率が大きく上昇しているのはこの点を反映したものです。

第三に、カーネマンたちは、ヒトは「20%と25%」のような確率を比べた場合、あまりその差を感じないものなのだ、と考えました。図表31では、

65　Prelec(1998)に倣い、心の中で重みづけをした確率=exp(-(-ln(客観的な確率)$^{(1/2)}$))とした。

客観的な確率が20-25％のあたりで、「重みづけをした確率」はあまり変化を示していません（実線の傾きが緩やかになっています）。

　簡単にまとめると、確率加重関数は、人が時に示す「確実」、「100％」、「ゼロリスク」へのこだわり、そしてそのちょうど裏返しにあたる、0.00001％のような確率を「意外に（高い確率で）起きるかもしれない」と感じる心、この二つを定式化したものです。カーネマンたちは前者を「**確実性効果**」、後者を「**可能性効果**」と呼びました。

　世の中には、「確実性効果」や「可能性効果」と呼ばれるような人々の心があることが産業の存在の基盤になっているような、極端に言うとこれらがないと存在し得ないような、産業があるように思われます。何か、思い当たる産業がありますか？

G｜宝くじだと思います。

岩澤｜そうですよね。宝くじっていうのは、当たる確率はとても低くて、期待値で言うと買ったら損をするっていうのは多くの人は知っていると思うんですよね。それでも買う人がいるのはなぜか？　なんか「当たるんじゃないかな？」くらいに思うんですよね（笑）。それをカーネマンたちは「0より少し大きい確率を過大評価する可能性効果」と表現したわけです。他にはいかがですか？

H｜宝くじに加えて、あらゆるギャンブル産業がそうだと思います。それからまあ、証券会社なんかもそういう面があるかと。

岩澤｜株の取引をする個人投資家の動機の中には、ギャンブル的な動機も多々あるでしょうからね。あとはいかがでしょうか？

I｜保険はまさしくこれだと思います。保険はゼロリスクを追求して安心を求める心に訴えて買ってもらうものですから。

岩澤｜Iさんは専門家でした。保険のセールスをやっておられるのでしたよね？

I｜はい。あと保険は、病気とかに「なるかもしれない」っていうのを恐れると買いたくなるわけで、まあセールス（パーソン）もそういう心を煽ることもありますよね。

岩澤｜なるほど。お客さんが潜在的に持っている不安を煽るほうがセールスになるわけですね。

じつは、保険に関しては、顧客がリスクを過大評価しているのではないか、保険におカネを払い過ぎなのではないかという研究があります。1990年代の米国での研究ですが、多くの人が電話線修理の保険を買っていたんですね。その平均費用は1ヵ月に45セントでした。一方実際にはどれくらい修理費用がかかったかというと、修理の平均費用は26セントだったんですね[66]。

　これは、おそらく皆さんが家電量販店で買うときに、思わずつけてしまう家電製品の保険についても言えると思います。壊れる確率の割に、多くの人が保険におカネをかけるんですね。保険という産業は、こうした需要に支えられています。

セイリアンスと「心に浮かぶもの」

岩澤 | さて、カーネマンたちの確率加重関数では、「人々がゼロより少しだけ大きい確率を過大評価する」とされていますが、最近になってこの考え方は十分なものではないのではないかと、批判が加えられるようになりました[67]。

　まず、「人々がゼロより少しだけ大きい確率を過大評価する」という点ですが、人々が宝くじを買う場合、あるいは買ったばかりの家電製品の保険を買う場合には、こうした見方が当てはまりそうです。しかし一方で、いつもそうかというと、そうでもなさそうです。

　例えば、2011年の東日本大震災が発生する前のことを思い出してみてください。発生する前に、日本人は、原子力発電所が自然災害に巻き込まれて重大事故を引き起こす可能性を、どの程度見積もっていたでしょうか。これは「ゼロより少しだけ大きな確率」ですが、人々が「過大評価」していたどころか、それを「過小評価」していたわけです。

66　Cicchetti and Dubin (1994)
67　以下の議論はShleifer(2012)による。

あるいは2008年のリーマン・ショック以前を思い出してみましょう。サブプライムローンが破綻して、それが金融危機につながる確率を、人々はどの程度見積もっていたでしょうか。ここでも「ゼロより少しだけ大きな確率」の「過小評価」が見られます。

こうしてみると、人々は「ゼロより少しだけ大きな確率」をいつでも過大評価するのではなく、過大評価する場合と、逆に過小評価する場合とがありそうです。少し皆さんに聞いてみましょう。人々は、どのようなときに「ゼロより少しだけ大きな確率」をいつでも過大評価し、どのようなときに過小評価するのだと思いますか?

J｜宝くじとかポジティブ方向のものは過大評価して、原発事故とかネガティブ方向のものは過小評価しているような気がします。

岩澤｜そういう傾向はあるかもしれませんね。しかし家電の保険を買うときには、事故確率を多めに見積もっているのですから、そうばかりとも限らないようにも思われます。

K｜記憶に左右されると思います。大震災の場合、震災が起きる前は原発事故の確率を過小評価していたのに、震災が起きたあとしばらくは、原発アレルギーみたいになっていましたよね。そして最近は記憶が薄れるとともに、原発事故の可能性もあまり言われなくなってきたように思えます。

岩澤｜記憶はこの問題を考えるうえで大事なキーワードです。今Kさんがおっしゃってくださったように、人間の記憶の中には、強く記憶に残っていて、すぐに頭に浮かんでくるものと、そうでないものとがあるようです[68]。そしてそのことが、小さい確率の過大評価と過小評価に関係しています。すぐに頭に浮かんでくるもの、心に浮かんでくるものは小さい確率を過大評価し、頭にも心にも浮かんでこないものは過小評価するというわけです。

ここで「**セイリアンス（salience）**」という心理学の概念を紹介しましょう。まずセイリアンスとは何か、ということですが、それは次の写真をご覧いただければ一目でわかります（図表32）。

68　Gennaioli and Shleifer（2010）

　パッと見てすぐに、右から二番目にあるオレンジが目立つことがわかります。このような場合、オレンジが「セイリアントである」という言い方をします。「目立つ」ということですよね。それで「セイリアンス」には「顕著性」という訳語が与えられています。「目立つ特性」という意味です。

　上の例でわかるように、人間は何かを見たときに、視野に入る対象に均一に注目しているわけではなく、無意識のうちに——システム1の働きで——セイリアントなものに焦点を当ててしまいます。何がセイリアントなのかは、人によって異なりますが、一般的な傾向もあって、例えば上のような写真をみれば、誰でもオレンジがセイリアントだと言います。

　我々の議論にとってセイリアンスが重要なのは、人間はセイリアントなものに注目してしまうだけでなく、そのことが焦点を当てている対象の過大評価、そしてセイリアントでない対象の過小評価につながる傾向があるからです。そこには記憶も介在していて、セイリアントなものは目に焼き付いて、強く記憶に残りがちです。そしてそのことがその対象の過大評価をもたらします。

　少し前にやった、【問題2】の①を思い出してみましょう。こんな問題でした。

　次の二つの選択肢のうち、どちらを選びますか？

a｜ 0.00001％の確率で10億円が当たるくじ

b｜ 100％の確率で100円が当たるくじ

69　Salience Consulting社のFacebookホーム画面より転載。

上の問題を見たときに、多くの人にとって最もセイリアントな部分はどこだと思いますか？

L｜10億円でしょうね。

岩澤｜ですよね。普通の目には、たとえ10億円がオレンジ色で書かれていなかったとしても、「10億円」が目立つはずです。そして上の問いで多くの人がaを選ぶのは、「0.00001％という確率を過大評価するから」という説明よりは、「10億円がセイリアントで、100円がセイリアントでないから」というほうが、よりしっくりくる説明であるように思われます。

　宝くじの広告を見てみましょう（図表33）。広告の中で、何がセイリアントだと思いますか？

図表33｜**宝くじの広告**[70]

M｜女性の顔、特にギョロっと開いた目玉（笑）と10億円です。

岩澤｜そうですよね。10億円の活字は一番大きくしてありますし、それに驚く女性の顔が自然と目に入ってきます。Mさん、この広告を作成した宝くじ業者の意図はどんなところにあると思いますか？

M｜まずは女性の顔で「何かびっくりするようなことがここにある」という印象を与えておいて、「10億円」を強くアピールして、「10億円はすごいな」とか、「もしかしたら10億円あたるかも」と広告を見た人に思ってもらって宝くじの購買意欲を刺激しています。

70　スポーツくじ「BIG」の広告（https://www.iecoco-love.com/blog_detail/id=55より一部を転載）。

岩澤 ｜ おっしゃるとおりですね。人間はまずセイリアントなものをつい見てしまいます。見るとそれは目に焼きついて、記憶に残ります。この広告のように、女性の顔から強い印象を受けたりすると、それが感情にも影響を与えますので、ますます記憶に残るようになります。すると見たものが自然と心に浮かぶようになって、判断や意思決定にも影響を及ぼすようになる、概ねそんな仕掛けなんですね。

　企業は、顧客の購買行動がセイリアントなものに影響を受けることをよくわかっていて、顧客の視線を意図的に操作しようとしているわけです。

　もうひとつ別の例を挙げておきましょう。本屋さんに行くとこんな広告に出会います（図表34）。この広告では何がセイリアントでしょうか?

図表34 ｜ **書店のPOP広告**[71]

N ｜ 「泣けます」、特にさんずいの涙の絵ですね。

71　沼澤（2013）より転載。

岩澤 ｜ はい。広告をつくったのは書店でしょうが、どんな意図を感じますか？

N ｜ 本を読んで感動したいというディマンドがあるんでしょうね。それでその層に対して「泣ける」というイメージを売りたい。さんずいの一部が涙のマンガになっていて、これで視線をひきつけて、…涙を連想させて、泣いている自分の姿を、無意識や記憶に刷り込もうとしているのでしょう。

岩澤 ｜ どうもありがとう。大変的を射た分析であると思います。

顧客は商品の何をセイリアントと感じているのか？

岩澤 ｜ 消費者が買い物をするとき、その人の視線や関心が集中しているもの、そして購買行動を起こすときに「頭や心に浮かぶこと（what comes to mind[72]）」によって、その購買行動が影響を受けます。消費者が商品の何をセイリアントと感じているのか、何に注目しているのか、といったことが購買行動に影響を及ぼすわけです。

たとえば、消費者は商品の価格に注目して商品を選んでいるかもしれませんし、あるいは消費者は商品の品質に注目して商品を選んでいるかもしれません。価格に注目しているのか、品質に注目しているのか次第で選ぶ商品が違ってくるでしょう。従って、企業サイドは、顧客が何に注目しているのかを意識しながら、それに合わせて商品を提供したり、一歩進んで顧客の視線や関心を操作したりといった、戦略的な対応が可能だということになります。これはこのあとのJ.C.ペニーのケースの議論のテーマになりますが、その前に、ケースの議論への橋渡しになるように、準備体操をしてみましょう。

　　まず、ワインショップでワインを買おうとしている自分を思い浮かべてみて

72　Gennaioli and Shleifer（2010）

ください[73]。思い浮かべやすいように、写真を用意しましたので、ご覧ください（図表35）。

図表35 | **ワインショップ**[74]

ここで、店員のお勧めがフランス産の「シラー（¥2,000）」とオーストラリア産の「シラーズ（¥1,000）」であったとします（図表36）。シラーはフランスのコート・デュ・ローヌ地方を原産地とする赤ワインで、同じブドウからとれるオーストラリア産のものはシラーズと呼ばれています。店員によると、品質を比較すると、シラーはシラーズの1.5倍程度だそうです。

図表36 | **シラー（左）とシラーズ（右）**[75]

シラー（¥2,000）　　　シラーズ（¥1,000）

73　以下の事例はBordalo et al. (2013)による。
74　エノテカ・ワインショップ銀座店（http｜｜www.shopcard.me/card/72771/ja?im=g2より転載）。
75　シラーはhttps｜｜www.wine-searcher.com/、シラーズはhttps｜｜www.liquorama.net/より画像を転載。価格は著者が独自に付与している。

さて、あなたはどちらのワインを選びますか？

シラーの人？

（約40％が挙手）

シラーズの人？

（約60％が挙手）

どちらを選んだか、各自覚えておいてください。

では続いて、場面が変わります。今度はレストランでワインを注文しようとしている自分を思い浮かべてみてください。今度も思い浮かべやすいように、写真を用意しました（図表37）。

図表37 | レストラン[76]

今度も、店員のお勧めがフランス産の「シラー（¥6,000）」とオーストラリア産の「シラーズ（¥5,000）」であったとします。レストランではどちらのワインも、ショップで買うよりはかなり高い価格になっています。さて、あなたはどちらのワインを選びますか？

76　ザ・リッツ・カールトン東京「コンテンポラリーグリル タワーズ」（http｜//www.ritz-carlton.jp/restaurant/towers/より転載）。

シラーの人?

（約90%が挙手）

シラーズの人?

（約10%が挙手）

　ありがとうございます。 では、 今シラーに手を挙げた人の中で、 ワイン
ショップではシラーズを選んでおられた方、 手を挙げてください。 今手を
挙げておられる方々は、 ワインショップとレストランで選択が逆転してしまっ
た方々です。 クラスの半分くらいの方が手を挙げておられますよね。 なぜ
ご自分の選択が変わってしまったのか、 説明してください。

O｜ワインショップでは、家飲み用のワインを探していますので、そこそ
こ美味しければよいと、価格の安いシラーズを選びます。シラーズも十
分美味しいでしょうから。一方レストランではせっかく高級レストランに
来たのだから美味しいほうを選びたいと思います。それにレストランで
はどうせたくさんおカネを出すことになりますので、1,000円くらいの
差はどうでもよいと感じられると思います。

岩澤｜たくさんおカネを出すときは、少々の値段の差は気にならなくなると。
おもしろいですね。他にいかがでしょうか。

P｜日常と非日常っていう違いです。ワインショップのような日常の買
い物ではやはり安いほうを選びます。おカネが大事ですから。でもレス
トランは非日常です。あの写真からすると、誰かと一緒に行くわけです
よね。そこはやはりパーっと行くわけです (笑)。

岩澤｜自宅で飲むなら安いほうがいいけれど、ガールフレンドと一緒のときに
「安いほうがいいから」とは言いにくいですよね。あとどうですかね。どなた
か、シラーとシラーズの品質格差が1.5倍というところにこだわった方はおら
れませんか?

Q｜私はそこを考えました。ワインショップでは、シラーズ1,000円、シ
ラー2,000円ですから、価格格差は2倍です。品質格差が1.5倍なの
に価格が2倍ということで、シラーに割高感があります。一方レストラン
では、シラーズも5,000円ですから、シラーが7,500円 (=5,000円×1.5
倍) 以下ならOKっていう感じで、実際には6,000円だったのでシラーに
しました。

岩澤│ありがとう。まとめてみましょう。ワインショップとレストランとで、選好が逆転してしまった方が結構たくさんおられたわけですが、この方たちの感覚は、二つに集約することができます。

　ひとつは、消費の文脈（コンテクスト）次第で選択が変わる、ということです。文脈が違えば、商品の選択に当たっての注目点が変わって、選択も変わるようです。レストランの絵をお見せするだけで、いろいろと想像して、そこでは価格にこだわるのはみっともないとかそういう話になるんですね。

　もうひとつは、価格格差と品質格差の話です。人間は、Qさんが教えてくれたように、価格格差を倍率で考える傾向が強いんですね[77]。一般に、価格水準が下がれば下がるほど、同じ価格格差であっても、その比率で見たときには大きな格差になっていきます。例えば同じ1,000円の格差でも、

　　シラー6,000円／シラーズ5,000円＝1.2倍
　　シラー2,000円／シラーズ1,000円＝2.0倍

といった具合です。そうすると、同じ1,000円の格差でも価格水準が安いときには、大きな価格格差があると認識されて、安い方が選ばれやすくなります。一方、価格水準が高いときには、Oさんが言ってくれたように、1,000円の差はどうでもよいというように認識されやすくなって、価格の高いほうが選ばれやすくなるのです。

　価格水準が安ければ安いほど、人々が価格格差に注目するようになって、安いほうを選択しやすくなる。価格水準が高ければ高いほど、人々にとって価格格差はどうでもよくなって、価格の高いほうが選択されやすくなる。これはとてもおかしな現象ですよね。しかし実際人々は、スーパーマーケットに行ったときには「一円でも安く」と価格に拘る傾向が強く、逆に高級レストランに行ったときには価格にこだわらなくなります。本当に節約したいと思えば、高級レストランで節約したほうが効率的だと思うのですが、なぜかそうはしないのです。

77　感覚に関する物理学の基本法則とされる「ヴェーバー-フェヒナーの法則（Weber-Fechner Law）」によると、気がつくことのできる最小の刺激差は、基準となる基礎刺激の強度に比例する。価格（P）の文脈で言えば、「$\Delta P/P=$定数」が成立することになる。6,000円のシラーを5,000円のシラーズと比べた場合、2,000円のシラーを1,000円のシラーズと比較した場合ほどの感覚刺激を受けないのはこのためである。Thaler（1980）を参照。

そしてこのことは、ビジネスにとってはとても重要なインプリケーションを持っています。ある産業で、価格競争が始まったとします。そうすると、産業全体で価格水準が低下します。しかしそうなると、消費者はより価格にこだわるようになるはずです。そしてその結果、その産業では、一段と厳しい価格競争を強いられることになってしまいます。これは悪循環で、こうしたことをやっていると、企業が収益を上げるのがどんどん難しくなってしまいます。こうしたことが起きている業界のことを「価格セイリアントな業界」と呼びましょう。具体的に、どのような産業がこうした「価格セイリアントな業界」になっていると思いますか?

R｜牛丼レストラン業界とか、まあファストフード業界ですね。

S｜スーパーマーケットとか、家電量販店とかです。

岩澤｜ですね。一方産業によっては、この逆のパターンもあり得ます。消費者が全く価格を気にしておらず、品質に視線が集中していたとします。その場合、価格競争の必要性はありませんので、産業全体で高い価格を維持することができます。そうした産業では企業が高収益を享受することができそうです。こうした状態にある業界を「品質セイリアントな業界」と呼びましょう。具体的に、どのような産業が「品質セイリアントな業界」になっていると思いますか?

T｜高級自動車業界です。シュミに走ったお客はチョー高い値段を平気で払います（笑）。

U｜ブランド品の業界です。

岩澤｜ブランド品っていうのは、消費者の注目をその「ブランド」に集めることで、価格から意識を逸らそうという、そういう戦略のもとに成り立っているわけですよね。

V｜我々が受けているエグゼクティブ・教育だと思います。

岩澤｜なるほど。確かに皆さんは、あまり教育の価格を気にしていないように見えます。実は、教育、あと医療なんかもそうだと思いますが、人々が滅多に値引きを要求しないという面白い性質があります。お医者さんに行って手術をしてもらいますっていうときに値引きを要求する人はあまりいないですよね（笑）。しかしなぜ値引きを要求しないのでしょうか?

W｜良い仕事をしてほしいからです。

岩澤 ｜ 値引きを要求すると、仕事の質が下がってしまうような気がするってこ
とでしょうか?

W ｜ そうです。

岩澤 ｜ 品質セイリアントな業界では、消費者はしばしば「価格が高ければ高
いほど、品質の良い商品だと感じる」傾向があるようです[78]。おカネをたく
さん払ったほうが質の良い商品を受け取ることができると、無意識のうちに考
えるのですね。そしてこうした消費者のバイアスは、ビジネスを営む側にとっ
ては、とても都合の良いものです。

　J.C.ペニーのロン・ジョンソン氏がやろうとしたのは、こうした状態へと業
界のあり方を転換することだったと思います。しかし彼の試みはうまくいきま
せんでした。彼の何が悪かったのでしょうか。ケース討論に移りましょう。

第**3**章

理論＋ケースメソッド実況中継──行動経済学

166

---

78 Shiv et al. (2005)を参照。 多くの消費者が抱くこうした感覚は「P-Qヒューリスティック」と呼
ばれている (Gneezy et al. 2015)。

J.C.ペニーのフェア・アンド・スクエア戦略[79]

　2012年8月、 米国最古のデパートのひとつであるJ.C.ペニーのCEO（最高経営責任者） であるロン・ジョンソンは自分に問いかけていた。果たして自分は正しいことをやってきたのだろうか? 今度実施するいくつかの変更は事態の打開につながるものだろうか?

会社のバックグラウンド

　J.C.ペニーは2012年に創業110周年を迎えた老舗のデパートである。2012年時点では店舗数は1,100店舗で、 会社側の情報では、 米国の半数を超える家計が当社の顧客になっている。 1902年に当社を創業したジェームス・キャッシュ・ペニーは、 第一号店を出店した際にその名を「黄金律 （The Golden Rule)」 と名づけた。「黄金律」 はJ.C.ペニーの企業理念を示すものであり、それは 「ペニー自身がそう取り扱われたいと思うように、 顧客と接しよ」 というものであった。

　しかし生誕100周年を迎えるまでに、 当社は息切れしつつあるようだった。 ウォルマートやターゲットといった小売りチェーンがロウ・エンド、 つまり低価格の側の小売市場を獲得し、 一方でメイシーズやノードストロームといったハイ・エンドのデパートは上流階層に移行しつつある中流階層を獲

79　本ケースはOfek and Avery （2016）の著者による抄訳であり、クラス内での討論を行うことを目的として作成したものである。記載された内容、名称、数値等は入手された資料に基づいているが、必要に応じて改変もしくは偽装されており、ケース内に登場する企業／組織の経営の巧拙を問うものではない。なお、完全な翻訳版は日本ケースセンターより出版される予定である。

得しようとしていた。 2008年の経済的な不況は消費者の倹約志向を強め、J.C.ペニーやシアーズといった中流階層をターゲットとする小売業者にもっとも大きな打撃を与えた。

　ロン・ジョンソンは1984年にハーバード・ビジネス・スクールを卒業した。 1990年代にターゲット社の商品担当ヴァイス・プレジデントとして、マス向けの商品を、スタイリッシュでありながら手の届く価格で提供するホットな小売ブランドに転換させる仕事を行った。 2000年以降、彼はスティーブ・ジョブズとともに、 大変な成功となったアップルストアの開発の仕事を行った。ジョンソンは、顧客サービスのための知識を備えた販売員が無料のテクニカル・ヘルプとサポートを行うためのスペースである 「ジーニアスバー」 のコンセプトの産みの親であった。そしてそれは2000年代の最初の10年にあって、最も革新的な小売り販売のコンセプトのひとつとして広く称賛されることになっていったのである。

　メディアは彼を 「小売り業界のスティーブ・ジョブズ」 と称するようになった。 2011年11月、J.C.ペニーが彼をCEOに任命すると、 その株価は18%の上昇となったのである。

逆風にさらされるデパート業界

　2011年のJ.C.ペニーの売上高は1990年代のそれを下回っており、業界として競争環境は厳しさを増す一方であった。ウォルマートのような大規模小売店、そしてギャップやJ.クルーといった小規模専門店の双方に、デパートの市場は食われつつあった（米国の小売業界の売上高に占めるデパートの比率は1985年のピーク10%から2000年には5%まで低下し、2011年には3%にまで落ち込んでいた）。また新たに、H&Mやザラといった国際的なアパレル小売店からの挑戦にもさらされていた。

しかしジョンソンはデパートが蘇ることができると信じていた。「デパートの黄金時代には、アメリカの家族は買い物をする以上の何かのためにここに来ていたものだ。ここに来れば楽しい経験をすることができ、そしてバラエティに富んだ有益なサービスを受けることができたのだ」「デパートは人々のお気に入りのショッピングの場所になれる。そして消費者はとてつもない品揃えと、それを一ヵ所で購入することのできるワン・ストップ・ショッピングを気に入っているのだ」

デパート業界が衰退していく中にあって、その中でさらに市場シェアを失っていたJ.C.ペニーの業績は全く冴えないものであった。J.C.ペニーの平均的な顧客は1年間に4度しか店舗に来ておらず、その売場面積1平方フィート当たりの売上高（156ドル）は、同業他社や、ジョンソンが張り合いたいと考えている専門店他社（たとえばギャップは300ドル）と比べて劣っていた。2007年の大不況が到来して以降、デパートや大規模小売店はプロモーションのための予算を増額し、その多くは大型のバーゲンセール、クーポン、そして売上を増やすための頻繁な値下げといった手法を用いた。

J.C.ペニーのラジカルな再編成

2011年11月にCEOに就任するまでにジョンソンは、J.C.ペニーの問題を解決するには全面的な構造改革を行う以外にないと考えるようになっていた。そこでCEO就任のわずか2カ月後には、ジョンソンと、彼が新たにリクルートしたリーダーシップを担うチーム——多くはアップルとターゲットから選りすぐった人材で構成されていた——は、J.C.ペニーのビジネスモデルとブランドのラジカルな再編成を行うことを発表することになった。

4年に及ぶラジカルな計画は、ビジネスのあらゆる分野に及ぶものだっ

た。ジョンソンはこのように説明した。「我々はアメリカ人の好みの小売店に
なるべく、ビジネスのすべての側面を見直し、大胆に変化を追求し、そう
することで長期的に株主価値を創り出していくのだ。我々が追求するすべ
ての戦略は、顧客を自分自身がそう取り扱われたいと思うように取り扱う、と
の我々のコア・バリューによって導かれるものとなる」

　ジョンソンはまずロゴを一新し、J.C.ペニーのブランドイメージの刷新に
取り組んだ。そして新しいブランドのスポークスパーソンとして、コメディア
ンでトークショーのホストをしていたエレン・デジェネレスを起用した。
　しかしこの起用は議論の分かれるものだった。J.C.ペニーの広告キャン
ペーンにデジェネレスが登場してすぐ、保守的なクリスチャンのグループで
ある「100万人のママたち」の攻撃が始まった。デジェネレスが同性愛
者であることが、当社のブランドイメージと、当社の伝統的な購買層である
ファミリーの集団にとって問題であるというのであった。「100万人のママた
ち」は、グループのメンバーに対しJ.C.ペニーをボイコットし、地元店舗の
マネージャーに対しデジェネレスがスポークスパーソンから降りることを求め
る電話をかけるように呼び掛けた。
　だがデジェネレスが彼女のトークショーでウイットに富んだ心に響く反撃
を行うと、メディアには、当社にとってポジティブな記事が掲載されることに
なった。

　ジョンソンは商品ラインナップの改革に向け、マーサ・スチュワートのような
トップ・ブランドや、ナネット・レポーのようなホットなデザイナーたちと関係を
構築し、J.C.ペニー固有の販売ラインを創り出すことから始めた。それは
（ライバルである）ターゲットの戦略を想起させるものだった。
　そして店舗の刷新にも乗り出した。新しいストアでは、以前に比べ通路
が広くとられ、清潔な外見で、文字の使用は控えられ、代わりに大胆なカ
ラーで彩られた大きな写真が置かれ、新しいロゴのイメージから生まれた
四角のスクエアが配置されていた（図表38）。

　小売の環境をサポートするために、ジョンソンはアップルにおけるジーニアスバーのような、商品の専門家チームをつくりたいと考えていた。

　これまではいつでもJ.C.ペニーの販売員には彼らの売上に応じたコミッションが支払われており、その仕組みが販売員たちを積極的な顧客向けセールスに駆り立てていた。ジョンソンはこうした文化は新しい「フェア・アンド・スクエア」の立ち位置にふさわしくないと感じており、そうしたセールスのコミッションの全廃を決断した。その決定は特に従業員の間に波紋を巻き起こし、中には不満をもらす者もいた。ある販売員は次のように言った。

　「自分はコミッションを廃止するというロン・ジョンソンの考え方に反対だ。ロン・ジョンソンはJ.C.ペニーがターゲットとは違う──我々のほうが上なのだ──ということを覚えておくべきだ。人々が我々の店舗に入ってくると、彼らは丁重にお客として取り扱われること、販売員がそこにいて手伝いをしてくれることを期待しているのだ」

新しい価格戦略

　ジョンソンの構造改革の土台になるのが新しい価格スキームであるのは
間違いのないところであった。J.C.ペニーの顧客たちはバーゲンセールに
どっぷりと浸かっていた。過去10年の間に、顧客に購入を促すための割
引は、平均で38%から60%まで上昇していた。

　彼は初めての株主向けの報告書で、過剰な価格プロモーションが長期
的にもたらす致命的な効果について次のように語った。

　「何十年にもわたって続いてきたこの業界の「ゲーム」に苦しめられ、
J.C.ペニーを含む小売業者たちは結果的に有効性のないプロモーションを
定期的に顧客に浴びせ続けてきました。そしてこの価格戦争に参加するた
び、我々は自分自身のブランドを棄損してきたのです」

　2012年1月、当社は新しい価格戦略の計画を発表した。計画の目玉
は、高めに定価を設定しておいてその定価から大きな割引をして商品を
提供するバーゲンセールの機会を顧客に頻繁に提供する「ハイ-ロウ価格
戦略」をやめ、当社が名づけるところの「フェア・アンド・スクエア（Fair
and Square）価格戦略[81]」へと移行することであった。フェア・アンド・スクエ
アを実施することで企図されていたのは、常時魅力的な価格水準での商
品提供を行い、価格体系をすっきりとさせることであった。

　会社側は、新しい価格戦略にはゲーム的な要素や顧客をだまそうとす
る要素がなく、代わりに、顧客が面倒を感じることなくいつでも低価格を享
受できるということを「計算して（do the math）」みてほしいと訴えようとし
ていたのである。

　J.C.ペニーは顧客向けのメッセージの中で、セールや在庫一層といっ
た言葉を使用するのを避けるようにした。ジョンソンは次のように述べた。

81　（訳注）Fairは「公正な、公平な」、Squareは「公明正大な」を意味する。

「我々の辞書にセールという言葉はない。…店舗にあるすべてのアイテムは毎日のベスト・プライスで値づけされるのだ」。それは、製造業者の希望小売価格と販売価格の双方を示し、顧客にある種架空の「定価」に比べいくらの節約をすることができたかを示すこれまでの慣行からJ.C.ペニーが脱却することを意味していた。

そしてJ.C.ペニーは、もうひとつの業界標準である、価格を「$○.99」とする慣行も廃止することにした。すべてのフェア・アンド・スクエア価格を最も近いドルに切り上げ、「$○.00」とすることにしたのである。ジョンソンは言った。

「顧客は正しい価格を知っている。顧客をだますことができる、というのはクレージーな考えだ」

また、フェア・アンド・スクエア価格プログラムはクーポンと週の目玉特別価格商品を全廃した。

それはダイレクトメールやeメールを通じて配布されるJCPキャッシュクーポン、レッドゾーン在庫一掃通り、その週の目玉特別価格商品を宣伝する新聞の折り込み広告で知られていたJ.C.ペニーにとって、大きな企業戦略の変更であった。

ジョンソンは「人々は価格に誠実さが欠けていることに嫌気がさしているのだ」と述べ、新しい戦略は顧客にとって魅力のあるものとなるはずだとポジティブに評価した。J.C.ペニーの新しい社長に就任したマイケル・フランシスはこう同意した。「我々の目的はもう一度、顧客に買い物を楽しむようになってもらうことにあるのだ」

小売業の専門家たちの中には、懐疑的な者もいた。価格コンサルタントのラフィ・ムハンマドはこう批判した。「もし競合他社が類似商品の価格を下げてきたとする。そのときJ.C.ペニーは手を縛られているのだ。動けないカモがそこに座しているようなものではないか」。

しかしジョンソンは懐疑論者を無視し、新しい価格計画にコミットした。計画が顧客にどのように受け入れられるのかについての市場調査は行わな

いことを決定し、2012年2月1日には新計画を全店に展開した。「我々は
テストを行う方法があるかどうかについて議論した。…しかし我々は、顧客
が新しい戦略を喜んでくれるということはわかっているのだ。将来に向かっ
て進んでいくのみだ」

　ジョンソンはまた、顧客が自分の欲しいものを常に自分でわかっていると
は限らないとも考えていた。「顧客の後をついていってはいけない。顧客
をリードし、彼らが自分の欲しいものを自分で知るより前に、彼らの必要とす
るものを予測し、その需要に応えなければばらないのだ」

最初の結果

　フェア・アンド・スクエア価格戦略のローンチから最初の3ヵ月、J.C.ペ
ニーの商品の67％がフェア・アンド・スクエア価格で販売される結果となっ
た。ジョンソンは大いに喜び、「これは大きな成果だ。今や人々は最初に目
にした価格で、正しい価格で買っている。これはすべての小売業者の夢
だったことだ」

　しかしトラブルの兆しも見えつつあった。3月の半ばにかけ、ほとんどの
デパートの決定的に重要な顧客ターゲットである母親層が、「J.C.ペニー
は購買にかけるお金に対しふさわしい価値を提供しているか？」との問い
に対する回答を引き下げてきていた。これは不思議なことだった。という
のは、当時、J.C.ペニーが販売する商品の価格は他社に引けをとらない、
いや競争優位の水準にあったからである。実際、ドイツ銀行のアナリスト
レポートによると「ランダムに選んだ50の同一商品の価格を比べた場合、
J.C.ペニーの価格はメイシーズに比べ9％、コールズに比べ26％安」かっ
たのである。

　消費者動向のリサーチ会社のデータは、新戦略のローンチ以降、女性

衣料品の市場シェアにおいてメイシーズがJ.C.ペニーを抜き去りつつあることを示していた。モルガン・スタンレー証券のミッシェル・クラーク小売アナリストはこの結果が示していることを次のようにレポートで述べた。「顧客たちは、フェア・アンド・スクエアモデルよりも、昔のJ.C.ペニーのほうが割安に商品を提供していたと考えている。 2月以降J.C.ペニーに定期的に来店している消費者の多くは、このデパートの商品の価格が 「(安くなった、ではなく) 高くなった」と答えるようになっている。また顧客たちは、明らかにバーゲン品を見つけるのが難しくなり、店舗を歩いてもお値打ち品が少なくなった、と答えている」

J.C.ペニーに対する忠誠心の厚いコアな顧客層が離反しつつあった。

ある顧客は彼女がJ.C.ペニーからクーポンをもらえなくなったことに不満をもらし、ターゲットやウォルマートでより頻繁に買い物をするようになった。彼女はこう言った。「うちから最も近いJ.C.ペニーはうちから30分のところにあるの。特別割引でももらわなきゃ、わざわざそこに行く意味はないわ」

別の顧客はハフィントン・ポスト誌にeメールで次のように投稿した。「J.C.ペニーはこれまでより若い顧客を相手にしようとしているようですが、J.C.ペニーのビジネスを成り立たせているのはその若い顧客ではないのです」

自分自身を 「野暮ったく誇り高い」と称する別の女性はこうコメントした。「彼(ジョンソン)はJ.C.ペニーの店を野暮ったくなくしようと努力しているみたい。でも彼がわかっていないのは、J.C.ペニーの、すべてではないにせよ、多くの顧客があそこの店で買い物をしていたのは、彼女たちがあの保守的で野暮ったい服が好きだったから、ということなのよ」

これらの先行指標が示したことは、J.C.ペニーの、新計画のローンチ以降最初の四半期決算 (2012年2-4月期) に数字として表れた。売上が低下し (全体で前年比19%減)、粗利益率も低下し (40.5%から37.6%へ)、顧客コンバージョン (来店客のうち商品を購入した顧客の比率) も低下、結果としてジョンソンは大きな損失 (1.63億ドル) の計上を報告しなければならなかった。決算発表日にJ.C.ペニーの株価は20%下落した──それは当社株の1

日の下落幅としては過去40年間で最大のものであった。

　こうした展開はジョンソンにとって厳しいものであったが、それでも彼は動じず、次のように語った。「我々のビジネスは想定以上に落ち込んでいるが、我々の戦略を変えなければいけないというほどのものでもない。我々にとって新しい戦略の下でのJ.C.ペニーはスタートアップの企業のようなものだ。…我々はビジネスを行っていくための全く新しいモデルを生み出したのだ。…これは何年もかかって遂行していく会社の転生に向けての最初の1年間の移行期なのだ。しかし価格プロモーションをやめ、我々の誠実さを買い戻すことを1年続ければ、我々は間違いなく成長期に入るだろう。

　J.C.ペニーの経営陣は業績不振の原因を探ろうとしていた。新しいCOO（Chief Operating Officer、最高執行責任者）のマイク・クレイマーは彼のフラストレーションをこのように表現した。「クーポン、あれは麻薬だな。顧客の中に、どれほどどっぷりとあれに嵌ってしまっている人たちがいることか、それを我々はわかっていなかった。彼女たちをクスリから引き離さなきゃいけない。顧客たちを教育しなきゃいけない。」ジョンソンはマーケティングのやり方を非難してこう言った。「我々の出している価格の体系がすっきりしたものになっていない。マーケティングがちょっと行き過ぎたものになっている。一番大事なのは顧客に価格が変わったことを教育することだ。コアの顧客に、J.C.ペニーが昔と変わらず、彼女たちの愛する商品を、特別なお値打ち価格で毎日提供しているってことを得心させないといけない」

　ジョンソンは顧客がフェア・アンド・スクエアの背後にあるストーリーを理解できていないと考え、マーケティングと商品戦略を自ら担当するようになった。彼はマーケティング戦略を微調整し、ブラック・フライデーなど5つの金曜日を「ベスト・プライス・フライデー」として追加した。広告のテイストもやや変化させ、強いトーンの「計算をせよ（Do the Math）」とのメッセージを入れ込んだものとした。それは顧客に価格プロモーションの結果、彼女たちがどれほどの節約をすることになるのかを、自分自身で計算してみることを促すものだった。6月に入ると、J.C.ペニーは広告の中に「セー

ル」という言葉を再導入するようになった。

　2012年8月、ジョンソンは突然、いくつもの変更を決断した。顧客の理解をすっきりとさせるために、毎日提供する商品の価格に黒い文字で添えられていた「フェア・アンド・スクエア」の名前を取り去ることにした。そして、新学期のキャンペーン期間、毎週金曜日に配布するプロモーションのための費用を大幅に増やすことにした。

　彼はこうした変更を、プログラムをわかりやすくするためのものであると説明した。「我々は以前590あったバーゲンセールのイベントを3種類に簡素化すれば、顧客にはそのほうがわかりやすいだろうと思っていたのだが、顧客も他の人たちも少しわかりにくいという。だから今度は590から3に減らしたものを1にするのだ。最初に目にする価格が正しい価格だということだ」。彼はこうも言った。「我々は何年もの間顧客に、節約という幻想を通して、商品の値打ちを探すように顧客に教えてきた。そのことを再度顧客に教育しなければいけない。そして我々のところでは、毎日顧客が節約できるのだ」

　ジョンソンは考えていた。果たして彼は正しいことをやってきたのだろうか。今度実施するいくつかの変更は事態の打開につながるものだろうか? ジョンソンは再度、自分の過去の経験を頼った。「アップルでは、我々が経験しているこの1年よりはるかにきつい年を何年も経験した。企業の転生は短距離走じゃない、マラソンだ」

Assignment

第**4**講 ｜ アサイメント（課題）

☑ 2012年1月に発表されたJ.C.ペニーの
「フェア・アンド・スクエア戦略」とは
どのようなものだったか。
ロン・ジョンソンCEOにその戦略を
決断させた背景には何があったのか。
また、ジョンソン氏がこの戦略の成功を
確信していたのはなぜか

☑ J.C.ペニーの顧客は「フェア・アンド・ス
クエア戦略」にどのように反応したか。
何が問題だったのか

☑ 2012年8月にジョンソンCEOが採用し
た価格戦略を評価せよ。
この戦略は事態を打開するのに
十分だろうか

ジョンソンCEO就任以前のJ.C.ペニー

岩澤 ｜ 2011年11月、ロン・ジョンソン氏がJ.C.ペニーのCEOに就任しました。彼がこのケースの主人公です（図表39）。CEOらしい顔相ですよね。

図表39 ｜ **ロン・ジョンソンCEO**[83]

ジョンソンCEO就任以前のJ.C.ペニーは業績不振に陥っていました。ケースにあるデータ（図表40）を見ると、2011年度の売上高は4年前の2007年度の87%。売上高がこれだけ減ると利益も当然きついわけで、2011年度の営業利益は、2007年度の26%にまで落ち込んでいます。

単位:100万ドル

	FY2007	2008	2009	2010	2011	2012 1Q
売上高	19,860	18,486	17,556	17,759	17,260	3,152
粗利益	7,671	6,915	6,910	6,960	6,218	1,186
売上高粗利益率	38.6%	37.4%	39.4%	39.2%	36.0%	37.6%
売上高営業利益率	1,879	1,146	680	847	485	−226
売上高営業利益率	9.5%	6.2%	3.9%	4.8%	2.8%	−7.2%

なぜこのような業績不振に陥ってしまったのでしょうか。この背景を、次のいくつかの観点から整理してみましょう。

1 | J.C.ペニーの業態と主要顧客
2 | 競争環境
3 | 競争激化に対するJ.C.ペニーの戦略

まず手始めに、J.C.ペニーの業態と主要顧客について整理してみましょう。J.C.ペニーはどんなビジネスをどこで、誰に向けてやっている会社なのか、というところから説明してください。

A | 衣類とか家具とかを売っているデパート、百貨店です。米国最古のデパートで、売上高が縮小しているっていう話がありましたが、それでも年商172億ドル（1ドル＝100円換算で1.7兆円）の巨大企業です。米国の半数を超える家計が当社の顧客になっています。

B | 店舗展開をみると、700店舗が大都市圏、400店舗は人口10,000人の小さな町にあります。小さな町ではJ.C.ペニー以外のデパートはないということなので、こういうローカルな町の店舗が結構重

84 Ofek and Avery（2015）

要な収益源になっていると考えられます。

C | 主要な顧客層は「中流階層」、「伝統的なファミリー」の「母親」たちです。J.C.ペニーの顧客のかなりの部分が「保守的で野暮ったい服が好き」な女性、ということですから、結構年齢も高めかもしれません。

岩澤 | ありがとう。では次に当社の競争環境について整理してみましょう。

D | デパートという業態の市場シェアが低下しています。1985年には10%だったのが、2011年には3%まで落ち込んでいます。ウォルマートのような大規模小売店、ギャップやJクルーのような小規模専門店、H&Mやザラのような国際的なアパレル小売店との競争に負けています。

E | さらに、J.C.ペニーは中流階層をターゲットとしていますが、メイシーズやノードストロームのような高級デパートが上流階層に移行しつつある中流階層を獲得しようとしています。一方では、ウォルマートやターゲットのようなディスカウント店が低価格を武器にロウ・エンドの市場を奪いにきているので、挟み撃ちにあっている中流階層向け百貨店業界は苦しい状況です。

F | J.C.ペニーの店舗は古くて、ブランドも商品も消費者には古臭いと感じられるものになってしまっています。差別化の切り札がなく、競争に負けている状況で、J.C.ペニーの売場面積1平方フィート当たりの売上高（156ドル）が、専門店（ギャップは300ドル）の約半分という惨状です。

G | 2007年の不況以降、デパートも大規模小売店もプロモーションの予算を増額して、大型のバーゲンセール、クーポン、頻繁な値下げに頼るようになっていて、業界全体で価格競争が厳しくなっています。

岩澤 | OK。そんな環境の中で、当社はどのように対抗しているでしょうか？

H | バーゲンセールです。2011年のデータでは、590種類に及ぶセールス・プロモーションのイベントを実施していて、年間の売上高173億ドルの72%は定価の50%以上の値引きで販売が行われた商品からの収入になっています。

I | クーポンを顧客に配布して集客しています。ダイレクトメールやeメールを通じて配布されるJCPキャッシュクーポンは、レッドゾーン在庫一掃通りとか、今週の目玉特別価格商品の新聞折り込み広告と並んで、当

社の名物になっています。

岩澤 | 業界全体で価格競争になってしまっている中、商品や店舗で特徴を打ち出せていない当社は価格競争に頼るしかなかったってことですね。クーポンとかバーゲンセールで他社に対抗していたってわけです。こうした経営は、J.C.ペニーの業績にどのように影響を及ぼしたでしょうか?

J | 値引き販売が売上高を圧迫して、一方でプロモーション費用が増加しますので、その両面から収益性が悪化する結果になっているとみられます。

岩澤 | おっしゃる通りですね。ちょっと数字で確認しましょう。ケースの中に、2011年度の当社、ライバル各社の売上高とマーケティング費用が書いてあります[85]。このデータを使って各社の売上高マーケティング費用比率(マーケティング費用/売上高)を計算してみると、J.C.ペニーは6.0％で、この比率はライバルの中で最も高いんですね(図表41)。つまり、プロモーションやクーポンといったマーケティング費用をたくさん使っている割に、売上高が伸びていないことがわかります。ロン・ジョンソンが来る前のJ.C.ペニーは、このような状況だったわけです。

図表41 | **J.C.ペニーとライバル各社の売上高マーケティング費用比率**

会社名	J.C.ペニー	コールズ	メイシーズ	シアーズ・ホールディングス	ターゲット	ウォルマート・ストアーズ
マーケティング費用/売上高	6.0%	5.1%	4.3%	4.6%	1.9%	0.5%

85　Ofek and Avery (2015), Exhibit 3.

ロン・ジョンソン

岩澤 | さて、今度はロン・ジョンソンについて整理しましょう。彼の打った施策を議論する前に、彼のバックグラウンドと性格について見ておきたいと思います。ロン・ジョンソンとは、どんな人物でしょうか?

K | ハーバード・ビジネス・スクールのMBAです。1990年代にターゲットでブランド改革に成功、2000年以降はスティーブ・ジョブズとアップルストアの開発をやってこれも成功させたことで、小売業の改革請負人というイメージが生まれて、「小売業界のスティーブ・ジョブズ」と呼ばれています。

L | 成功してきたということもあって、自信家だと思います。新しい政策を打ち出すときでも、懐疑論を無視して、市場調査もしない。自分の信じた道を正しいと考えて、その道を情熱的に進んでいく、やや強引なところのある人だと思います。

M | 正しいと信じたことにコミットするというか、その道を曲げない強い人で、それがカリスマ性につながっているのでしょうが、悪く言えば人の言うことを聞かない頑固な人であると思います。

岩澤 | 強い信念を持っていて、それを曲げないですよね。彼の持っている信念、いくつかあると思うのですが、挙げてみましょう。

N | デパートに対する郷愁のようなものを持っています。かつては、デパートが買い物をするだけではなく、楽しい経験をできる場所であったと。その経験のためにみんなが来店していたんだと考えていて、今のデパートをそういうものとして再生していけば、デパートを復活させることができると考えています。

岩澤 | デパートを良質なユーザー・エクスペリエンスを提供できる場にしたいんだと。成功させたアップルストアと同じような発想でもあるんでしょうね。

O | J.C.ペニーの黄金律は「顧客を自分自身がそう取り扱われたいと思うように取り扱う」というもので、ジョンソンはこれを当社の「コア・バリュー」であると考えています。

岩澤 ｜ 大事なポイントですよね。彼の戦略の根本には「自分自身、ジョンソン自身がそう取り扱われたいと思うように顧客を取り扱う」ということがあるわけです。

P ｜ ジョンソンは顧客が合理的であると考えていると思います。「顧客は正しい価格を知っている」とか「人々は価格に誠実さが欠けていることに嫌気がさしている」と言っていますので。ただこれは、顧客についての正しい理解というよりは、ジョンソン自身の思い込みを投影させているだけのように感じます。

岩澤 ｜ 顧客は「価格に誠実さが欠けていることに嫌気がさしている」ってジョンソンは言っているのだけれど、実は顧客が、ではなくて、ジョンソン自身がそう思っているだけなんじゃないかと。そういうご指摘ですね。

Q ｜ 顧客が合理的であると考えているという面はあるのですが、一方で彼は「顧客が自分の欲しいものを自分でわかっているとは限らない」と言っています。「顧客の後をついていってはいけない。顧客をリードしなければいけない」というように。

R ｜ 更に言うと、最後のほうになると「顧客に教育しなければいけない」とか「計算をせよ」とか言い出しますよね。どっちかというと、顧客に対しては上から目線的な考えを持っていたのではないかと思われます。

岩澤 ｜ 顧客について、いろいろな考えを持っているわけですが、どうも自分に自信があり過ぎて、自分が顧客のことをわかっていないのではないかという謙虚な心はないようですね。このあたりは後でもう一度議論することにしましょう。

ロン・ジョンソンの新戦略

岩澤 ｜ では次に、CEOに就任したロン・ジョンソンが新たに打ち出した戦略について見ていきましょう。価格戦略以外の構造改革の諸施策と、「フェア・アンド・スクエア価格戦略」とがありますが、まずは前者、価格戦略以外

の諸施策から議論しましょう。

S｜ 新しいロゴを導入して、新しいスポークスパーソンを起用して、ストアデザインを一新しました。

T｜ ブランド改革をしました。ターゲットのときの成功体験を踏まえて、トップ・ブランドのデザイナーと関係を結んだり、古いブランドの品質改善を行ったりしました。

U｜ マネジメント・チームを再編しました。アップルとターゲットから連れてきた人材でチームを編成していますので、アップルやターゲットの成功体験を踏襲していくっていう意思表示でもあります。

V｜ 顧客ターゲットを広げようとしています。これまではやや年配の母親層が中心でしたが、そこに比較的若い層を引き入れようとしています。

岩澤｜ ここは大事なポイントですね。アップル方式、ターゲット方式でやるっていうことは、どちらかというと若年層に訴えようとしているわけですよね。ストアデザインなんかも随分垢ぬけて、若者向けみたいになっています（図表38）。しかしそのことは若干の軋轢も生み出していますよね。

W｜ 新しいスポークスパーソンのデジェネレスは同性愛者だったのですが、J.C.ペニーの伝統的な購買層には保守的なクリスチャンが多くて、デジェネレスがスポークスパーソンから降りることを要求するようになりました。

X｜ ジョンソンはセールスのコミッションを廃止しました。彼の意図は、店舗にいる従業員をアップルのジーニアスバーにいるような商品の専門家にするということにあったのですが、これにコミッションを失うことになった従業員が反発しています。伝統的な顧客も、店舗に入ってくると販売員がそこにいて手伝いをしてくれるのを期待しているような人だったわけで、この改革に失望したと思います。

岩澤｜ 新しい顧客層を開拓しようとしているわけですが、そのための施策を伝統的な顧客層が必ずしも歓迎していないようです。不穏な雰囲気ですね。

フェア・アンド・スクエア価格戦略

岩澤｜構造改革の目玉である、フェア・アンド・スクエア価格戦略に話を進めましょう。技術的な話ではなく、本質的にどのような改革を行ったのかという点に絞って議論を整理していきましょう。

Y｜従来からやってきた「ハイ-ロウ戦略」、つまり高めに定価を設定しておいて、その定価から割引をして商品を提供するスタイルをやめて、常時固定された安い価格水準で商品を提供する、というのが一番の眼目です。

岩澤｜Yさんの論点を端的に示す写真をお見せしましょう（図表42）。2012年夏のJ.C.ペニーの広告です。昨年までは、定価70ドルのところを49.99ドルに値引きして、更にクーポンを持ってくれば39.99ドルになりますよっていう売り方だったわけですね。それを毎日35ドルで売ります、という売り方に変えたわけです。以前より安い値段で売るんですよね（フェア）。しかし値引きはしない（スクエア）と。

図表42｜**フェア・アンド・スクエア価格戦略**[86]

86 Edwards and Minato（2013）より転載。

Z │ 加えて、この写真からもわかるように、「○.99」という価格表示を
やめました。

岩澤 │ そうですね。どんな意図がありますか?

Z │ 価格の表示の仕方で顧客をだますような要素をなくすということだ
と思います。

岩澤 │ 上の広告にもわざわざ "no games, no gimmics"と書いてあります
よね。ゲームはやめます。お客様をだますのもやめますってことですね。

a │ 顧客をだます、ゲーム的な要素はなくすということで言うと、セール
とか在庫一掃という言葉を使用するのを避けるようにしました。

b │ バーゲンセールは全廃したわけではないですが、590あったイベン
トを3つにまで減らしたということで、大幅にカットしました。

c │ あと、クーポンは全廃しました。「超目玉特価品」販売も全廃です。

岩澤 │ そうでした。とにかくゲームはやめだというわけですね。

顧客の反応

岩澤 │ さて、ジョンソンの新しい施策に対して、顧客はどんな反応を示した
でしょうか?

d │ 商品の価格が「高くなった」とか「お値打ち品が少なくなった」と感
じるようになりました。

岩澤 │ 昔より高くなったと言ってますよね。でもこれはおかしなことです。先
ほど見たように、実際には価格は以前より下がったわけですからね。なぜ顧
客は価格が高くなったと思ったのでしょうか?

d │ さっきの広告で言うと、70ドルっていうのがあったので、アンカリン
グ効果が働いて39ドルが安く見えたんですね。安いっていう印象が記
憶に残っていたんだと思います。ところが35ドルだけ見せられると、ア
ンカリング効果が効かないんで、安く見えない。それで「高くなった」と
(笑)。

岩澤｜我々にはおなじみの議論ですね。人間は参照点からの変化に大きな反応を示す。一方、水準には必ずしも反応しない。

e｜J.C.ペニーに対して忠誠心の厚いコア顧客層が離れてしまいました。

岩澤｜そうですね。どうして彼女たちは離れていったのでしょうか？

e｜クーポンがなくなったので、店舗に出かける理由がなくなってしまいました。

f｜あとやっぱり伝統的な顧客は、お店でバーゲン品を探し回るのが好きだったのです。ゲームとして楽しんでいたのを止められたので「ゲームはおしまい、お楽しみもおしまい」となってしまいました。

g｜追加ですが、新しい店舗のデザインや商品も、伝統的な顧客からすると「シュミが合わない」って感じだったと思います。彼女たちは「保守的で野暮ったい服が好き」だったわけで、お店をアップル風にされてしまって、「ジョンソンさん、わかっていないなあ」と言っています。

岩澤｜J.C.ペニーの伝統的な顧客にとって、彼女たちが来店するときの「セイリアンス（注目）」の対象は何だったのでしょうか？

h｜クーポンとバーゲン。

i｜野暮ったい服。あるいは親切で手伝いをしてくれる販売員。

岩澤｜ですよね。単に安いから来ている、価格がセイリアントというのではなかったわけです。しかしそこをロン・ジョンソンは読み違えていたようです。

ジョンソンの施策はうまくいくか？

岩澤｜さて、フェア・アンド・スクエア価格戦略を始めとする構造改革に対する顧客の反応はまったく思わしくなく、2012年2-4月期の業績は売上高が前年比19％減で、最終利益は赤字に転落してしまいました。続く5-7月期も冴えない状況が続いたので、2012年8月、ジョンソンCEOは、「顧客の理解をすっきりとさせる」ことを目的に、①価格タグから「フェア・アンド・スクエ

ア」の名前を取り去る、②3種類まで減らしていたバーゲンセールのイベント
を更に簡素化して1種類にする、などの施策の実行を決断しました。これら
の施策により、ジョンソンは業績を回復に転じさせることができるでしょうか?

j｜ダメだと思います。伝統的な顧客が離反している、その原因が全く
わかっていなくて、バーゲンがなくなったのが問題なのにそれを更に減
らそうとしているのですから。

k｜これまでのところ、狙っていた新しい顧客層、若い顧客層を全く取
り込めていないわけですが、その原因も把握できておらず、この追加
策で若い顧客が来るようになるとは思えません。

岩澤｜なるほど。厳しそうですね。

ロン・ジョンソンの何が問題だったのか?

岩澤｜ロン・ジョンソンCEOは結局J.C.ペニーの業績低迷に歯止めをかけ
ることはできませんでした。そして2013年4月、彼は株主に解雇を言い渡さ
れてしまいました。人生初の挫折であったかもしれません。ここまでの議論
を踏まえて、ロン・ジョンソンの何が問題だったのかを考えてみましょう。

l｜一番の問題は、顧客を理解できていないことだと思います。伝統的
な顧客はクーポンやバーゲンが好きなのに、そこは全く理解できていな
くて、「価格をすっきりさせる」とか、顧客に全く刺さらないことをやって
しまいました。

m｜顧客のシステム1を理解できていないのが問題です。「顧客は正し
い価格を知っている」なんて言って、顧客がシステム2で動けると勝手に
想定して、うまくいかないと今度は「計算をせよ (Do the math)」なんて
言って、顧客にシステム2を使うことを強要するんですね。顧客に対する
共感がないですし、そもそも共感しようとしてもいないように思えます。

n｜lさん、mさんと同意見ですが、ジョンソンさん自身は自分が顧客の
ことをわかっていないとは思っていないと思うんですね。で、ここが大

きな問題だと思うのですが、顧客が自分と同じような考えを持っている
と思い込んじゃっているんですね。だから「顧客は正しい価格を知って
いる」とか言うわけです。

岩澤｜ おもしろいですね。顧客を知ろうとしないで、自分を顧客に投影して
しまっている。

o｜ その意味で、「顧客を自分自身がそう取り扱われたいと思うように
取り扱う」っていうのをコア・バリューにしていたことが問題だったと思
います。ジョンソンさん自身はおそらくクーポンもバーゲンも好きじゃな
いし、野暮ったい雰囲気も好きじゃない。それでコア・バリューに従っ
て、そういうのはやめよう、っていう話になってしまったんだと思います。
コア・バリューのせいで、顧客が自分と違ったタイプの人間かもしれな
いという想定を持てなかった。

岩澤｜ ロン・ジョンソンはクーポンで買い物しないでしょうからね（笑）。バーゲ
ンセールにもいかないでしょう。それで顧客もそうだと思ってしまった。

p｜ 自分にすごい自信があって、「自分は顧客のことをわかってい
る」って思ってますよね。それで市場調査とかもしないわけです。それ
どころか、「顧客の欲しいものは、顧客よりも自分のほうが良く知ってい
るんだ」とか言っています。この自信がどこから来るかというと、自分の
好みもあるでしょうが、やはりターゲットやアップルでの成功体験だと
思います。成功体験が思い込みと自信過剰の源泉になってしまった。

岩澤｜ ロン・ジョンソンとしては、ターゲットやアップルの成功体験は大きいも
ので、J.C.ペニーを同じように構造改革しようと思ったわけですよね。店舗
を垢ぬけたものにして、買い物の楽しさを味わえるような店づくりをしよう
わけです。ターゲットやアップルでうまくいったことが、J.C.ペニーではなぜ
うまくいかなかったのでしょうか？

q｜ アップルとは桁違いに競争が厳しいわけです。従ってターゲットに
する顧客をよほど絞り込んでそこに集中しなければいけなかったと思い
ます。新しい顧客を獲得するのはなかなか難しかったでしょうから、
伝統的な顧客を大事にしなければいけなかったのでしょうが、新しい顧
客を獲得するために打った施策が、ことごとく伝統的な顧客に嫌われる
ものになってしまいました。

r｜市場調査もやっていませんから、ジョンソンがやったようなブランド改革やストア改革で、J.C.ペニーに若い女性を惹きつけようとする施策についても、実は何のエビデンスもなしにやっていたことになります。

s｜アップルストアでは、ジーニアスバーを成功させたのですが、そこでの鍵は顧客に感じの良いサービスを提供できる商品の専門家チームでした。しかしJ.C.ペニーでは、そうしたチームが育っていません。逆に、コミッションを廃止して販売員の反発を買ったりしていて、従業員の雰囲気を盛り上げることに失敗したことも問題だったと思います。

Key Takeaways（まとめ）

岩澤｜最後の質問です。ロン・ジョンソン氏の失敗から、我々は何を学ぶことができるでしょうか？

t｜顧客を知ることの重要性です。顧客が自分と同じだとか、自分はわかっているとかいう思い込みは大変危険で、顧客のことを知ろう、勉強しようというように思っていなければいけないと思いました。

u｜顧客のシステム1、特にセイリアンスの対象、顧客は何に惹かれて来店しているのか、をよく考えないといけないのだと思います。システム1はなかなか合理的に理解しがたいものですが、それだけに理解しようという心を持っていないと見えてこないのだと思いました。

v｜（第3講の）A学長のケースでもやりましたが、システム1で動いている顧客のことを理解するためには、自分自身が顧客に共感しなければいけなかったのだと思います。ジョンソン氏は自分でクーポンを使ってみたりして、クーポンで動く顧客のことを理解しようとするべきでした。

w｜思い込みや自信過剰の危険性です。自信を持つのは良いことだと思いますが、自信過剰になるのを避けるには、やはり他人の意見に耳を傾ける姿勢を持つことが大事だと思います。

岩澤｜ありがとう。とても良い議論でした。

第5講でも、引き続き 「選択」の問題を取り扱います。ただ、これまでと異なり、選択肢の示され方の問題に焦点を移していきます。クイズから始めましょう。

第5講 | 心の会計/顧客のシステム1への迎合とビジネス倫理

【問題1】

　120万円の新車を買い、自動車保険の購入を検討しているとします。以下の二つの保険のうち、どちらを購入したいと思いますか[87]?

a｜この保険を購入されると、あなたからの損害請求が年間6万円未満の場合、保険会社からのお支払いはありません。年間6万円以上の損害請求があった場合には、6万円を上回る部分のみ、全て支払われます。保険の金額は年間10万円です。

b｜この保険を購入されると、あなたからの損害請求がなかった場合にはあなたに6万円をお返しします。損害請求が年間6万円未満の場合には、6万円と損害請求の差額をお返しします。年間6万円以上の損害請求があった場合には、請求全額をお返しします。保険の金額は16万円です。

【問題2】

　あなたは芝居を見ようと決めて、10,000円でチケットを買いました。ところが劇場に着いたとき、チケットがなくなっていることに気がつきました。あなたは座席番号を覚えておらず、チケットの再発行はできません。さて、あなたは芝居を見るために、改めてチケットを買いますか[88]?

【問題3】

　あなたは芝居を見ようと決めました。チケットは10,000円です。ところが劇場に着いてバッグを開けると10,000円がなくなっていることに気づきました。さて、あなたはそれでも10,000円を払いチケットを買いますか[89]?

87　Johnson et al.（1993）
88　Tversky and Kahneman（1981）
89　Tversky and Kahneman（1981）

フレーミング効果
── 利益フレームと損失フレーム

岩澤｜【問題1】をレビューしましょう。例によって、aを選んだか、bを選んだか、手を挙げていただきます。

　aを選んだ方は?

（約45%が挙手）

　bを選んだ方は?

（約55%が挙手）

　では多数派のbを選んだ方からお話をお聞きしましょう。なぜbなのか、ご自身の意思決定を説明してください。

A｜ちょっとよくわかっていないのかもしれないのですが、bのほうが、自分が損をしないのだと思いました。

岩澤｜どうしてbのほうが損をしないと感じたのでしょうか?

A｜うーん。保険金を「お返しします」って何度も書いてあるからでしょうか（笑）。

岩澤｜わかりました。他の方にも聞いてみましょう。

B｜単純な理由ですが、aは「あなたからの損害請求が年間6万円未満の場合、保険会社からのお支払いはありません」と書いてあります。この部分に嫌悪感を持ちます（笑）。一方、bは「あなたからの損害請求がなかった場合にはあなたに6万円をお返しします」とあって好感をもちました（笑）。

岩澤｜なるほど。では今度は、aを選んだという方にお聞きしてみましょう。

C｜保険の値段の違いです。aは年間10万円に対し、bは年間16万円ですので、aを選びました。

D｜Cさんに追加ですが、6万円未満の事故なんてそうないし、あってもそれくらいなら自分で払える範囲なので問題ないと思いました。

岩澤｜わかりました。どなたか「本当のことを言うとどちらでもない」という方

はおられませんか?

E｜はい。ちょっと考えてみましたが、両方同じだと思いました。

岩澤｜説明してください。

E｜たとえば、事故を起こさなかった場合でいうと、aは保険金の10万円分が自己負担です。bは保険金が16万円ですが、6万円返金されるので、やはり自己負担は10万円。次に、損害請求が6万円未満だと、aは損害請求分を自己負担ですよね。保険金10万円を払っていますので、実質負担は10万円＋損害請求額です。同じケースで、bは6万円と損害請求の差額が返ってきます。ただ最初に保険金16万円を払いますので、実質負担は16万円-（6万円-損害請求額）で、結局aと同じです。年間6万円以上の損害の場合も同様です。

岩澤｜ありがとう。実は、Eさんが言うように、aもbも実質的な自己負担金額は同じです。損害請求金額＝X円として、aとbのそれぞれの実質自己負担を計算してみると、次のようになります。

・損害請求がなかった場合 ：　-10　vs　-16+6
・損害請求X万円<6万円 ：　-(10+X)　vs　-16+(6-X)
・損害請求X万円≧6万円 ：-10+(X-6)　vs　-16+X

　両者の経済的価値は同じですが、教室でもそうだったように、実験をしてみると、bのほうが好きな人のほうがやや多いようです[90]。その理由は、AさんやBさんがおっしゃってくださったとおりなのですが、aは最初の文章が「あなたからの損害請求が年間6万円未満の場合、保険会社からのお支払いはありません」となっていて、「支払いがない」という、自己負担を想起させる「損失フレーム」になっているのですね。

　一方、bは「あなたからの損害請求がなかった場合にはあなたに6万円をお返しします」と、「お返しします」という「利益フレーム」なわけです。それで、経済的には同じことであっても、「利益フレーム」で表現されたほうが、「損失フレーム」で表現されたことよりも、好ましい印象を持

90　Johnson et al.（1993）の被験者は複数選択可の設定で44.3％がaを、67.8％がbを選択した。

つ人が多くて、そのように意思決定をする人が多いということです。

　最初から10万円払うのと、 16万円払って6万円返ってくるのとを比較すると、どうみても同じですよね（笑）。しかし同じと感じない人が多いわけです。これは、これまで何度も議論してきたセイリアンスの問題と関係しています。

　保険を買った場合、多くの人が無意識のうちに考えてしまう、注目してしまうのは 「事故を起こしたときにいくら返ってくるのか」 という点にあるのだと思われます。だから 「返ってくる」 という文言に反応する。「お支払いはありません」 なんて言われるとネガティブにセイリアントですから、Bさんのように嫌悪を感じるっていう人まで出てくるわけです。 そして、 そこに視線が集中していると、保険の代金は目立たないものになります。保険の金額は気にしていないんですね。 一方、少数派ではありましたが、保険金を買う場合でも、保険の値段に注目した方もおられました。この方々にとっては、保険の値段がセイリアントなのです。

　そういうわけでここでも、まずセイリアンス次第、人々の視線、注目がどこにあるのかによって判断が変わってくる。そして多くの人にとって、「損失フレーム」 はネガティブにセイリアントなので、それを避けようとする、とまとめることができます。

心の会計——自らつくりだす狭いフレーム

岩澤 ｜ 人が質問に答えるとき、その意思決定は、質問や問題の提示のされ方によって大きく変わります。カーネマンたちは、判断や選択の対象となる問題が表現される方法のことを 「フレーム」 と呼び、「フレーム」 が異なることで、異なる判断や選択が導かれることを 「フレーミング効果」 と呼びました[91]。

---

91 Tversky and Kahneman (1981)

さきの問題で見たように、人々は文言の「意味」が同じであっても、表現が異なっていれば、それぞれの文言に対して、好き嫌いの感情を示します。もし人々の脳のシステム2だけが働くのであれば、同じ「意味」の文言に対しては、たとえ表現が異なっていても、すべての人が同じ反応を示すことでしょう。しかし人間がある文言を見たときに、まず反応するのはシステム1です。システム1は文言を見た瞬間に活動を始め、表現に反応し、付随的、連想的に脳内に様々な「意味」をもたらします。

フレーミング効果を生み出すのはシステム1ですから、システム1への影響次第で、フレーミング効果の影響が決まってきます。例えば「利益」と「損失」とでは、人々は「損失」により強い反応を示します。従って、【問題1】でもみたように、同じ経済的効果をもたらす取引であっても、それが「損失」と受け取られるフレームで表現されていると、その取引に対する拒否反応が生じやすくなってしまうわけです。「生き残る／死亡する」、「まだ半分残っている／もう半分なくなった」、「雇用／失業」に関しても同じことで、後者に対しては無意識のうちに忌避の感情が立ち上がってしまいます。

フレーミング効果の話をもう少し続けますが、ここで【問題2】と【問題3】をレビューしましょう。

二つの問題をまとめて、再度お見せします。

【問題2】

あなたは芝居を見ようと決めて、10,000円でチケットを買いました。ところが劇場に着いたとき、チケットがなくなっていることに気がつきました。あなたは座席番号を覚えておらず、チケットの再発行はできません。さて、あなたは芝居を見るために、改めてチケットを買いますか?

【問題3】

あなたは芝居を見ようと決めました。チケットは10,000円です。ところが劇場に着いてバッグを開けると10,000円がなくなっていることに気がつきま

した。さて、あなたはそれでも10,000円を払いチケットを買いますか?

岩澤｜【問題2】は10,000円のチケットをなくしたときに、もう一度そのチケットを買いますか? という問題。【問題3】は、まだチケットを買っていないときに10,000円をなくしたとして、そのあとチケットを買いますか? という問題でした。いずれかに手を挙げてください。

　【問題2】は買う、【問題3】も買う

（約40%が挙手）

　【問題2】は買う、【問題3】は買わない

（約5%が挙手）

　【問題2】は買わない、【問題3】は買う

（約50%が挙手）

　【問題2】は買わない、【問題3】も買わない

（約5%が挙手）

　ありがとうございます。実は、私が関心を持っているのは、「買わない、買う」の方たちです。一番多かった方たちですね。

　この方たちにお聞きしたいのですが、その前に確認しましょう。

　【問題2】では10,000円のチケットをなくします。【問題3】では10,000円をなくします。なくしたものは違いますが、経済的には同じ意味ですよね。同じ問題と言ってもいいでしょう。しかしなぜ【問題2】と【問題3】とで答えが違うのでしょうか。どうして【問題2】は買わないのか、どうして【問題3】は買うのか、教えてください。

F｜【問題2】のほうは、チケットを10,000円出して買ったのに、チケットがなくなっていたということで、芝居に対して出せるおカネは10,000円までだなと思って、チケットは買わないという判断になりました。【問題3】ではチケットはまだ買っていないので、10,000円をなくしたとはいっても、チケットにはまだおカネを使っていませんので、チケットを普通に買います。

岩澤｜わけのわからないことを言いますねえ（笑）

F｜そうですね（照）

岩澤｜いや冗談です。ホントはよくわかっています（笑）。Fさんがおっしゃっ

ておられるのは、チケットに対しておカネを出したのかどうか、そこが問題だってことですよね。

F｜はい、そうです。【問題2】ではもう出してしまった。【問題3】はまだ出していない。

岩澤｜わかりました。他の方、何かFさんのコメントに付け加えることはありますか?

G｜Fさんと同じなのですが、付け加えると、【問題2】のほうでもう一度チケットを買うと、チケットに2万円払うことになるので、イヤだと思いました。【問題3】は1万円なくなったっていうけれど、また出てくるかもしれないと思いまして (笑)

岩澤｜皆さんこの時間になると相当疲れてきて、意見もテキトーになっている感じがしなくもないですが (笑)。まあ、チケットに2万円払うのが「もったいない」みたいな気持ちはわかりますよね。

　FさんとGさんのご意見をまとめてみましょう。両方に共通しているのは、「チケットに割り当てられた予算」みたいなものを心の中に持っている、ということです。そしてその予算が1万円なので、【問題2】ではもう予算は使い切ってしまったのでチケットは買えない。【問題3】はまだ予算は未消化なので、チケットを買うと、こうなるわけです。

　このような、心の中の予算のことを **「心の会計」** と呼びます[92]。人々が金銭に関する意思決定を行う際に、ある狭い「フレーム」を作って、その「フレーム」に従った意思決定を行う傾向があります。その自分でつくりだしている「フレーム」のことを「心の会計」と呼ぶのです。

　心の会計のわかりやすい事例を、私自身の話で説明しましょう。

　私は今名古屋商科大学のフルタイム教員ですので、一応名古屋に自宅があります。しかし私は東京にも自宅があって、週末は東京に戻るのです。そしてだいたい火曜日の夜か水曜日の朝に名古屋に向かうんですね。さて問題は、私は名古屋で暮らしていることになっていますので、東京と往復する交通費は、学校から支給されないということです。これは結構痛いですよね (笑)。そこでどうしているかというと、月曜日の朝はW大学で

92 Thaler (1985).

非常勤講師を務めているのです。そうするとその非常勤の給料で、名古屋と東京を往復する交通費の7割くらいは補填されるんですね。そしてそのことに私は満足感と安心感を覚えるわけです（笑）。自分で「往復の交通費—非常勤講師の給料」という狭いフレームをつくって、東京と名古屋を往復することがそれほどの痛手にはなっていないのだと（笑）、勝手に考えて勝手に満足しているわけです。

　どなたか、ご自分の「心の会計」を開示してもよいという方がおられればお願いします。

H｜ちょっとギャンブルの話なので、教室でお話しするのにふさわしいかどうかわからないのですが（笑）

岩澤｜特別に許可しますので、お話しください（笑）

H｜カジノとか行きますよね。それで最初ちょっと勝つわけです。それでそのあとは負けちゃうんですけど、その勝ってたときの金額が参照点になっちゃうんですよね。それで最後のゲームはその勝っていたときのカネを取り戻すべく、大勝負にいっちゃいます（笑）

岩澤｜勝っていたときの金額が参照点になっていて、一日の終わりに、なんとかその勝っていたときの金額に戻して終わりたいわけですね。まさしく自ら作り出した勝手なフレームです（笑）。それで最後のゲームは勝てますか？

H｜いや、負けます（笑）

岩澤｜大勝負なんて大体大負けしますからね（笑）。「心の会計」は自分のマネジメントとして有益なものとして機能することもあるかもしれませんが、Hさんの事例のように有害になることもあります。

　ところでここまで見た、損害保険の事例、岩澤の交通費の「心の会計」、それからHさんのギャンブルの「心の会計」、これら三つの事例には共通点があります。いずれもまず、自分の中で損失と感じられる「損失フレーム」がセイリアントになっているんですね。損害保険の事例では「事故を起こしても支払ってもらえない」、岩澤の事例では「交通費が補填されない」、Hさんの事例では「勝っていたときの儲けが減ってしまう」、です。そしてこの「損失」を回避しようとする結果、損害保険の事例では「損失フレーム」の選択を回避し、岩澤は「交通費を非常勤講師代で補填する」、Hさんは「勝っていたときの儲けを最後の大勝負で挽回す

る」という「心の会計」を生み出しているのです。

　これから議論するケースの中には、これと非常によく似た話が出てきます。ケースを議論しましょう。

毎月分配型投資信託[93]

　神奈川県に住む70代の女性は大手証券の若い営業マンに提案され、毎月分配型の投信などに合計1,500万円を投じたことを後悔している。「金融商品に詳しい親戚に説明されるまで、仕組みを理解していなかった」という。すでに一部を解約した。（日本経済新聞 2019年9月22日[94]）

　「毎月分配型の投信は、引き続き多く販売されていますが、毎月分配型では複利のメリットが享受できないことをお客さまに理解してもらった上で投資判断していただくのが「顧客本位」ではないでしょうか」（森信親金融庁長官、2017年4月7日[95]）

　「毎月分配型については当社としても重要な問題ととらえ、各運用会社と議論をしています。ただ、顧客に分配金が欲しいというニーズもあるのは事実です。要望に逆らってまで違う商品を勧めるわけにはいきません」（森田敏夫野村證券社長、2017年9月4日[96]）

分配型投資信託

　投資信託には、その名称に「毎月分配型」「隔月分配型」など、

93　本ケースは著者がクラス内での討論を行うことを目的として作成したものである。記載された内容、名称、数値等は入手された資料に基づいているが、必要に応じて改変もしくは偽装されており、当該企業／組織の経営の巧拙を問うものではない。
94　日本経済新聞「投信、毎月分配型が人気回復 実力を見極めるには?」（2019年9月22日）
95　森（2017）
96　広岡（2017）

「分配型」との呼称が付いているものがある。こうした投資信託は、分配金をそのセールスポイントとしているものである。

　投資信託の分配金は、株式の配当と類似したものである。投資信託は、顧客から資金を預かった投資信託会社がその資金を運用するが、その運用で得られた運用益や利子・配当金を原資として顧客に還元することができる。それが分配金である。

　日本の投資信託市場では、1997年に米系投資信託会社が毎月分配金を払う商品を設定し、これが年金生活者向けに大ヒット商品になったことから、各社が競って毎月分配型の投資信託商品を売り出した[97]。その後、毎月分配型に加え、隔月分配型、あるいは奇数月分配型と呼ばれる、年金支給のない奇数月に分配金が支払われる商品も開発され、これらは投資信託営業の主力商品になっていったのである。2018年7月時点のデータでは、毎月分配型投資信託の残高は25兆8,764億円で、国内公募の追加型株式投信（ETFを除く）の約40％を占めている[98]。

投資信託と分配金

　投資信託は本来、個人投資家が株式の分散されたポートフォリオに長期投資をしていれば得られるだろう利回りを、個人投資家の代わりに投資信託会社が運用し、その運用成果として個人投資家に提供するものである。この本来の趣旨からすると、投資信託が多額の分配金を頻繁に投資家に対して払い出すのは適切なことではない。分配金を投資家に戻せば、その分運用の原資が減ってしまい、従って、運用によって得られたであろう利益をその分だけ減らすことになってしまうからである。

97　永沢（2017）
98　日本経済新聞「毎月分配型投信、残高シェアが3割台に低下」（2018年8月20日）

数値例で考えてみよう。100万円で投資信託を買いつけたとする。そしてその後10年間、この投資信託が年率8％の利回りで資金を運用する能力をもっていたとする。この場合、運用期間途中で分配金が全くなければ、10年後には投資信託の資産価値が216万円（＝100万円×1.08^{10}）になっているはずである。一方、運用で儲けた利益のすべてを、毎月分配金として投資家に戻すことにすると、投資信託の資産価値は10年後も100万円のままである。毎月の分配金120カ月分を合計しても、77万円（＝100×（$1.08^{(1/12)}$ -1）×120）なので、合計の資産価値は177万円である。両者の差は、分配金を再投資して年率8％で稼がせているか、それとも分配金を手元に寝かせておくかの差に起因する。そして分配金を再投資するケースと、すべて分配してしまうケースとの最終的な資産価値の差は、運用期間が長ければ長くなるほど大きくなる（図表43）。従って、長期の運用期間が想定される若年層の個人投資家にとって、分配型の投資信託は適切な商品ではない。

図表43 | **投資信託の資産価値**
── **分配金なしのケースと分配金ありのケース**

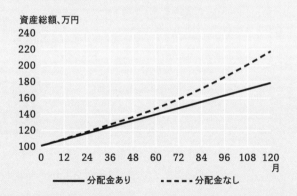

（注）運用利回り年率＝8％と想定。「分配金」は運用益をすべて再投資した場合の投資信託元本の推移、「分配金あり」は、運用益を月ごとに全て分配金として還元した場合の、投資信託元本＋分配金合計を示す。

分配金と年金生活者

　投資家が年齢を重ねるにつれ、その資金を長期で運用しようという動機は自然と小さくなっていく。従って、投資信託を買う場合にも、資金を長期で増やすよりは、目先の現金を分配金として還元して欲しいというニーズが相対的に強まるのは自然なことである。実際、2020年の調査では、投資信託を保有している個人投資家のうち、毎月分配型投資信託を保有している人の比率は、年齢とともに上昇する傾向にあり、30代では保有率が約33％であるのに対し、70代では約54％に上る（図表44）。

図表44 | **毎月分配型投資信託の保有状況**[99]

		n=	保有している	保有していない	不明・回答拒否 (%)
TOTAL		(4452)	41.0	50.4	8.7
性別	男性	(2661)	39.8	52.5	7.7
	女性	(1791)	42.7	47.2	10.1
年代別	20代	(390)	33.3	55.6	11.0
	30代	(646)	33.4	59.0	7.6
	40代	(855)	36.5	55.1	8.4
	50代	(763)	38.8	51.0	10.2
	60代	(976)	43.9	48.1	8.1
	70代	(822)	53.8	38.3	7.9

　だが日本の投資信託市場で、分配型の商品がこれほどまでに人気を博すことになったのは、分配型の商品が高齢者の心理に「刺さる」ものを持っていたためである。高齢の個人投資家の多くは、かつて毎月労働所得を得ていた人たちである。退職し、年金生活に移行するとともに、労働所得の代わりに年金をフロー収入として得ることになるが、それはかつて手にしていた労働所得ほどの水準ではなく、また、偶数月にしか手に入ら

ない。高齢投資家の間で、自らの年金収入が十分なものではないのではないかとの不安が強かったことから、投資信託からの分配金が、年金を補完し、その不安心理を解消するものとして訴えるものを持っているのだと考えられる。実際、最近の投資信託協会のアンケート調査でも、70代の投資信託保有者のうち、63%が「分配金を受け取ることで安心できるので」、26%が「年金収入を補完する上で活用できる」を、毎月分配型投資信託の魅力として挙げている[100]。

普通分配金と特別分配金

　高齢者の間で分配金に対する需要が強かったことで、投資信託会社の間で、投資信託の分配金の多寡を巡る競争が発生した。分配金の多寡の尺度として「分配金利回り」、つまり年間の分配金を投資信託の基準価額で割った値が使用されたので、投資信託会社は販売会社から「分配金利回り」の多い商品を開発するよう促されたのである。

　その結果起きたのが、「特別分配金」の活用であった。分配金は、株式の配当のようなものであるから、本来は投資信託会社が資金運用の結果得た運用収益の中から分配されるべきものである。これは「普通分配金」と呼ばれる。しかし普通分配金だけでは利回りの点で魅力に欠けるということで持ち出されたのが、投資家が投資信託会社に払い込んだ元本からいくばくかの金を払い戻すというやり方で、これを投資信託会社は「特別分配金」と呼んだのである[101]。

　分配金利回りの分子は、普通分配金と特別分配金の合計で計算されるのが業界慣行となったので、特別分配金を増やすことで、高い分配金利回りをアピールする分配型投資信託が続出することになった。

100　投資信託協会(2020)
101　ただし、特別分配金という名称は税法に由来するものであり、投資信託供給業者が創作した用語ではない。

しかし特別分配金にはいくつかの問題があった。まず、それは元本から支払われたので、特別分配金が支払われるたびに元本が目減りしてしまうのだった。分配金利回り（の高さ）だけに注目して分配型投資信託を購入し、気が付かないうちに元本（基準価額）が目減りしていたことにあとで気が付いた投資家が、投資信託を販売した証券会社に対し苦情を訴えるケースが目につくようになっていった。

さらに、投資信託を購入して特別分配金を得るという取引は、顧客にとってみると、自分の預金を別の預金口座にシフトさせる、あるいは引き出すという取引と、実質的に同じである。預金を引き出すのにコストはかからないが、分配型の投資信託の多くは、信託報酬が年率0.5-2.0%のものが多かった。つまり、投資信託を買って特別分配金を得るためには、毎年その投資信託の残高の0.5-2.0%を投資信託供給業者──投資信託会社、証券会社や銀行といった販売会社、信託銀行──に支払わなければいけなかったのである。そして、この信託報酬を得るべく行われる、証券会社や銀行によるセールス活動が、分配型投資信託の隆盛の大きな背景なのであった。

こうした問題がある一方で、「特別分配金」というネーミングは「普通分配金」に比べセイリアントであり、その原資が単なる元本の取り崩しであるにもかかわらず、ナイーブな投資家に何かポジティブな魅力を醸し出していた。普通分配金が課税の対象であったのに対し、元本の取り崩しである特別分配金が無税であったことも、そのポジティブな印象を増す要素となっていた。

金融庁、動く

こうした事態を問題視した金融庁は、2012年に動き出した。「金融商品取引業者等向けの総合的な監督指針」にある「勧誘、説明態勢」の項に、新たに次の文言を加えたのである。

投資信託の勧誘に係る留意事項[102]

　投資信託は、専門知識や経験等が十分ではない一般顧客を含めて幅広い顧客層に対して勧誘・販売が行われる商品であることから、顧客の知識、経験、投資意向に応じて適切な勧誘を行うことが重要であり、特に以下のような点に留意して監督するものとする。

　投資信託の分配金に関して、分配金の一部又は全てが元本の一部払戻しに相当する部分があることを、顧客に分かり易く説明しているか。

　金融庁の監督指針変更を受け、投資信託の業界団体である投資信託協会は素早く反応した。2012年3月、投資信託協会は、投資信託を購入するときに受け取る目論見書と、原則として決算ごとに公布される運用報告書の内容を改正することを決めた。その中で、「ファンド購入後の運用状況により、分配金額より基準価額の値上がりが小さかった場合、分配金の一部または全部が、実質的には元本の払戻しに相当する場合がある」ことを明記することとしたのである。また、「特別分配金」というポジティブな誤解を生みがちな用語に、若干の変更を加え、「元本払戻金（特別分配金）」と表記するよう、業界自主ルールを定めたのだった。

顧客の反応と業界の対応

　2012年を境に、投資信託販売業者の間で、分配型投資信託の取り扱いを若干慎重にする動きが広がっていった。公募投資信託に占める毎月分配型投資信託の残高シェアは、ピークの2011〜12年には70%近くを占めていたが、その後は低下トレンドに転じ、2018年時点では約40%まで低下してきた（図表45）。

102　金融庁（2012）、V-2-1-2「勧誘・説明態勢」の項。一部文言を省略した。

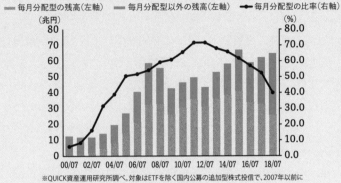

図表45│毎月分配型投信の残高シェア推移[103]

━━ 毎月分配型の残高（左軸）　━━ 毎月分配型以外の残高（左軸）　━●━ 毎月分配型の比率（右軸）

※QUICK資産運用研究所調べ。対象はETFを除く国内公募の追加型株式投信で、2007年以前に償還されたファンドは含まない。データは各年の7月末時点

　しかし分配型投資信託の人気は根強く、2018年においてもなお、毎月分配型投資信託の残高は20兆円を超えていた。野村證券の森田敏夫社長は、日経ビジネス誌のインタビューにおいて、次のように語った[104]。

　「(20)12年8月に野村證券の経営は新体制になりました。そのときに掲げたのがお客様本位のビジネス。根底に流れるのは金融庁の言うフィデューシャリー・デューティーそのものといえます。（中略）毎月分配型については当社としても重要な問題ととらえ、各運用会社と議論をしています。ただ、顧客に分配金が欲しいというニーズもあるのは事実です。要望に逆らってまで違う商品を勧めるわけにはいきません」

　分配型投資信託の人気を支えていた要素のひとつは、分配金利回りの高さを謳う投資信託であった。金融庁の調査では、2016年末における毎月分配型投資信託の純資産総額上位10ファンドの平均で、分配金利回りは約20％であった。米国の毎月分配型投資信託について同様の調査をすると、平均分配金利回りは約3％であり、日本の分配型投資信託の多くが、元本払戻金（特別分配金）を利用して見かけの分配金利回りを

103 日本経済新聞「毎月分配型投信、残高シェアが3割台に低下」（2018年8月20日）。
104 広岡（2017）。

押し上げ、それをセールスの材料としていることは明らかであった[105]。

　分配金利回りの高さを謳った毎月分配型投資信託の一例として、「日本株アルファ・カルテット（毎月分配型）」と称する投資信託の事例をみよう。このファンドの 「販売用資料」 には、当ファンドの特色が、次のように記されている[106]。

> **1** ｜わが国の株式を実質的な投資対象とし、ファンダメンタルズおよびバリュエーション等を勘案し魅力的な銘柄に投資することで、中長期的な信託財産の成長を目指します。
>
> **2** ｜「高金利通貨戦略」 では、相対的に金利水準の高い通貨の為替取引を実質的に行います。
>
> **3** ｜「株式カバードコール戦略」 および 「通貨カバードコール戦略」 を行うことで、オプションプレミアムの確保を目指します。
>
> **4** ｜毎月の決算日に、原則として収益の分配を目指します。

　次に、「当ファンドの4つの収益源」 として、次の図表が記載されている（図表46）。

105　金融庁（2017b）
106　大和住銀投信投資顧問（2018）

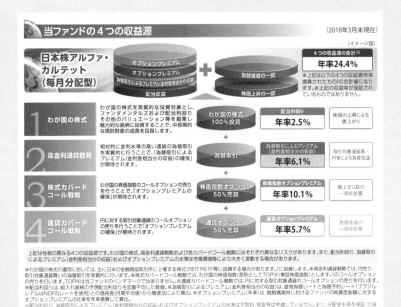

　ここには「4つの収益源の合計」が「年率24.4％」と記されており、脚注に小さな文字で「配当利回り、為替取引によるプレミアム（金利差相当分の収益）およびオプションプレミアムの水準は市場環境等により大きく変動する場合があります」と書かれているとはいえ、潜在的には20％を超える利回りを稼ぎ出す能力があるファンドであると印象づけられる仕組みになっている。

　そしてこのファンドの分配金は、見かけの分配金利回りを高く見せるため、元本払戻金（特別分配金）により押し上げられていた。一方で、高水準の元本払戻金により、ファンドの基準価額は低下トレンドを辿っていた（図表47）。

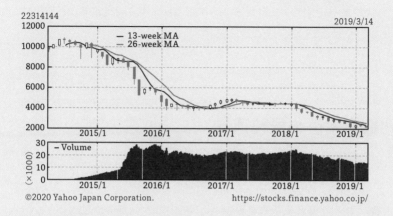

図表47｜**日本株アルファ・カルテット**（毎月分配型）：**基準価額推移**[107]

22314144
2019/3/14

- 13-week MA
- 26-week MA

©2020 Yahoo Japan Corporation.
https://stocks.finance.yahoo.co.jp/

　例えば2018年3月末、このファンドの基準価額は3,869円であった。この値段でこのファンドを購入した投資家の、その後一年間の投資収益率（トータルリターン）を計算してみよう。

　まず投資家は、高水準の分配金を手にすることになった。2018年4月〜10月にかけては、月あたり100円、2018年11月〜2019年3月には月あたり60円の分配金が支払われたので、年間合計で1,000円の分配金を受け取ることとなった。分配金利回りは1,000円／3,869円＝25.8％である（こうした数字はおそらくセールストークとして使われていただろう）。

　しかしこの間、基準価額は大きく低下し、2019年3月末には2,167円になっていた。この結果、元本の低下によるキャピタル・ロス率は（2,167円-3,869円）／3,869円＝-44.0％となり、分配金を加えても、トータルリターンはマイナス18.2％となったのである[108]。

　さらに、投資家はこの投資信託を買うために、3.78％（税抜3.5％）の手数料を販売会社に支払い、年率1.107％（税抜1.025％）の信託報酬

107　Yahoo!ファイナンスのウェブサイト（2019年3月14日）より転載。

108　顧客がトータルリターンにも関心を持つようになれば、知らない間に元本が目減りしていたなどという事態が回避できるのではないかということで、日本証券業協会は2014年12月に、販売会社が投資信託の購入者に対してトータルリターンを定期的に通知することを義務づける制度を導入した。しかし投資信託協会（2020）の調査では、顧客の約55％はこの制度について「知らない」と回答しており、制度が浸透したとは言い難い状況にある。

を運用会社、販売会社、信託銀行に支払っていたはずである。従って、このファンドを購入した投資家にとって、2018年度の実質的な利回りはおよそマイナス23％だったことになる。

顧客本位の業務運営

2015年に森信親金融庁長官が就任して以降、金融庁は、各金融機関に対し「顧客本位の業務運営」を行うよう、要望するようになっていた。そして2017年に金融庁は「顧客本位の業務運営に関する原則」を公表したが、そこには「金融事業者は、高度の専門性と職業倫理を保持し、顧客に対して誠実・公正に業務を行い、顧客の最善の利益を図るべきである」と記されていた[109]。

労働所得を失い、年金生活に移行した高齢の投資家にとって、毎月入金の通知が来る分配金は喜びの対象である。その意味で「顧客に分配金が欲しいというニーズもある」のは確かだろう。だが一方で、高い分配金利回りで顧客を惹きつけておきながら、一年してみたら顧客の資産価値が20％も目減りしていたなどという事態が「顧客の最善の利益」であるはずもないだろう。

ある経済評論家は次のように述べた。

「金融機関の経営者がしたり顔で「フィデューシャリー・デューティー宣言」を行う一方、販売の現場では高齢者を誤解させやすくて、手数料の高いあこぎな毎月分配型投信を販売しているという状況は、森氏の失敗を意味すると評価していいだろう[110]」

---

109 金融庁（2017a）
110 山崎（2017）

第**5**講｜アサイメント（課題）

☑「毎月分配型投信」など、
分配型の投資信託が特に高齢者の間で
人気があるのはなぜか

☑ 分配型の投資信託の販売は、
ビジネスとして問題がある行為か

☑ J.C.ペニーのロン・ジョンソンCEOと
野村證券の森田敏夫社長を比較して、
あなたはどちらをより高く評価するか

分配型投資信託

岩澤 ｜ 分配型投資信託とはどのようなものか、というところから話を始めましょう。どなたか説明をお願いします。

A ｜ 分配金の頻度や多さを「売り」にしている投資信託のことです。

岩澤 ｜ 分配金とはどのようなものでしょうか？

A ｜ 株の配当のようなものです。投資信託に投資をすると、運用収益の還元として分配金をもらうことができます。

B ｜ 分配金には二種類あります。Aさんの言ったのは「普通分配金」ですが、もうひとつ「特別分配金」があって、分配金はこの二つの合計です。

岩澤 ｜ 特別分配金とは何であるかを説明してください。

B ｜ 投資信託の元本から払い出される分配金のことです。

岩澤 ｜「元本から払い出す」というのは、投資信託会社が投資家から預かった資金を投資家に返すってことですよね。なぜそのようなことをするのでしょうか？

B ｜ 分配金が好きな投資家がいるからです。そしてそういう投資家がいるので、投資信託の販売会社としては、分配金を少しでも大きく見せたいためです。

岩澤 ｜ きな臭い話になってきましたね（笑）。「分配金が好きな投資家がいる」という話ですが、それは少し後回しにしましょう。その前に、今日ここにいらっしゃる皆さんにとって、分配型投資信託は魅力的な商品でしょうか？

C ｜ 魅力的ではないです。

岩澤 ｜ どうしてでしょうか？

C ｜ 我々は所得がありますので、おカネを返してもらう必要がないからです。我々が投資信託を買うのは老後のための資産形成が目的ですから、毎月のようにおカネを返してもらうのではなく、いい投資案件におカネを回して増やして欲しいと思うからです。

岩澤 ｜ そうですよね。投資信託を買うときには、投資信託のファンドマネージャーが我々の資産を、少なくとも長期的には増やす能力があると期待して買うわけです。それを信じているのであれば、分配金を我々に返してもらうよりは、そのお金を投資に回して増やしてもらったほうが、効率が良いわけです。逆にファンドマネージャーを信じないのであれば、最初から投資信託なんか買わないで、預金をしていたほうが良いっていう話ですよね。

高齢の投資家と分配型投資信託

岩澤 ｜ 分配型投資信託は、少なくとも長期の資産運用のためにふさわしい商品ではないことを確認しましたが、にもかかわらず、これは大ヒット商品なんですね。今でも日本の公募株式投信の3割程度は分配型です。ピークだった2011年頃にはおよそ7割でした。誰がこの商品を買っていたのでしょうか?

D ｜ 若い人も結構持っていますが、主として高齢者です。

岩澤 ｜ 具体的な数字で説明できますか?

D ｜ 2019年のデータで、20代や30代で投資信託を保有している個人投資家のうち、分配型を持っているのは30%程度ですが、年齢があがるほどその比率があがっていって、70代では50%を超えています。

岩澤 ｜ 高齢者ですね。分配型の人気が高いのは、主として高齢者の間であるということが図表44からよくわかります。そこで考えてみましょう。高齢者の間で特に分配型投資信託の人気が高いのはなぜでしょうか?

E ｜ 毎月入ってくる分配金をありがたいと感じる方が多いからです。なぜ分配金をありがたいと感じるかというと、かつては働いて、毎月お給料をもらっていた人たちが、退職してお給料をもらえなくなった。その穴埋めとして、分配金をありがたいと感じる人が多いのです。

F ｜ さっきの講義を聴いてわかりましたが、これが「心の会計」なのだと思いました。かつてもらっていたお給料が参照点になっていて、それが

なくなったことが「損失」と感じられるんでしょうね。「お給料ロス」みたいになっていて、そこに「分配金が入りますよ」って言われるとそれだけで満足感と安心感を覚えるという（笑）。

岩澤｜私の交通費の「心の会計」やHさんのギャンブルの「心の会計」と構造的に同じですよね。ところで、高齢者は年金を受け取っていますよね。年金は労働所得を失った人にそれを補填する仕組みだと思いますが、年金と分配型投資信託はどのような関係にあるでしょうか？

G｜年金はかつての労働所得に比べたら少ないでしょうし、毎月もらえるものでもないので、やはりそれを補うものが欲しいという潜在的なニーズがあって、そこに分配型投資信託がハマるのだと思います。

岩澤｜年金は毎月もらえるものではないですよね。いつもらえるのでしたっけ？

G｜年金は偶数月です。それで「奇数月分配型」の投資信託が開発されました。

岩澤｜「隔月分配型」「奇数月分配型」——こんな商品を開発したのは一体誰なんだっていうくらい、心憎い商品ですよね（笑）。年金生活者の「心の会計」を実によくわかっていて、そこを突いてきています。あと他にいかがでしょうか。なぜ高齢者の間で特に分配型投資信託の人気が高いのか？

H｜言葉は悪いですが、よくわかっていない方が多いのではないかと思います。

岩澤｜どういうことでしょう。説明してください。

H｜分配金をありがたがる高齢者が多いので、販売会社は「この投資信託はたくさん分配金が出ますよ」っていうセールスをしたくなりますよね。それで特別分配金を出して分配金を増やす商品が増えてきたんだと思いますが、特別分配金が出るっていうことは、元本が減る、自分の預けたカネが返ってくるだけのことだっていうことをわかっていない投資家がいると思います。

岩澤｜Hさんの論点はとても重要ですね。確認しましょう。

　ある投資信託の基準価額を10,000円とします。この投資信託を100口買うと、コストは100万円です。さてこれが毎月分配型で、毎月100円の分配金が出たとします。100口買っていますから、毎月1万円が分配金と

して入金されます。年間12万円の分配金が出ますから、分配金利回りは12万円／100万円＝12％です。随分立派に見えますよね。

　しかし冒頭に議論したように、投資信託の分配金は普通分配金かもしれないし、特別分配金かもしれないわけです。今このファンドは1年間全然儲けられなかったということで、毎月1万円の分配金すべてが特別分配金であったとします。そうすると元本がその分減るわけです。つまり1年後には元本が100万円-12万円＝88万円になってしまうわけです。従って「分配金利回り＝12％」という宣伝文句に惹かれて投資信託を買って、毎月分配金をもらって、そのときは儲かったような気分になるかもしれないけど、何のことはない、自分の預けたおカネが返ってきただけで、自分の資産は全く増えていなかったということになるわけです。

　Hさんは、高齢者の中にはこういうメカニズムをわからないで買っている人がいるのではないかとおっしゃるのですね。

H｜そうです。年齢とともに認知機能も衰えますから、こういう基本がわからないで、分配金が毎月1万円入るっていうだけで買っている人がいると思います。

I｜わかっていないだけでなく、「特別分配金」というネーミングで、何かすごい儲かったから分配金が出ているみたいな誤解をしている投資家もいたのではないかと思います。

岩澤｜「特別」な「分配金」のように聞こえますからね。しかし投資家が良く理解しないままに商品を買っているとすれば問題ですよね。そこで金融庁は2012年に、業者に対する「監督指針」を変更しました。「分配金の一部又は全てが元本の一部払戻しに相当する部分があることを、顧客に分かり易く説明」しているかどうか、よくチェックしますよってことになりました。そしてそれ以降、「特別分配金」の表記を「元本払戻金（特別分配金）」にするよう、業界が自主ルールを定めたのでした。これで誤解は避けられるようになったでしょうか？

J｜ある程度の効果はあったでしょうが、誤解が全部なくなったわけではないと思います。ケースの冒頭にありますよね。70代の女性が、大手証券の若い営業マンに提案され、毎月分配型の投信を買ったのだけれど、後悔していて、「親戚に説明されるまで、仕組みを理解していなかっ

た」って言っていますからね。

K｜セールスの問題も大きいと思います。ケースの中で紹介されていた「日本株アルファ・カルテット（毎月分配型）」の販売用資料をみると、「年率24.4％」なんていう数字が大きく書かれていて、顧客にアンカリングをかけようとする意図がみえみえですよね。一方でそういう利回りは「市場環境等により大きく変動する場合があります」とか「分配金水準を保証・示唆するものではありません」って、見えないようなチョー小さい字で書いてあって、顧客をだまそうとする意図しか感じられないです。

岩澤｜だます意図があるかどうかはわかりませんが、誤解をなくそうというよりは、セールスに一生懸命で誤解を助長することになりかねないという印象を受けますよね。

分配型投資信託とビジネス倫理

岩澤｜先ほども言いましたが、今なお、日本の投資信託の3割は毎月分配型です。公募株式投信の純資産残高は100兆円くらいで、その3割ですから30兆円です。そしてこの30兆円から、投資信託会社と販売会社、信託銀行は、年間およそ1％、つまり3,000億円の収入を信託報酬という形で得ているのです。ビッグビジネスですよね。

ここで議論しましょう。分配型投資信託の製造・販売というビジネスは、問題がある行為でしょうか？ 例によって、どちらかに手を挙げてください。

問題はないという人？

（約20％が挙手）

問題があるという人？

（約80％が挙手）

問題がないっていう人がいてくれてよかった（笑）。議論できますね。ではまず「問題がある」という方にご意見をお聞きしましょう。

L｜顧客がよくわからないままに買っているのが問題です。先ほど70代の女性の話がありましたが、人ごとではなくて、実はうちの母親もそうだったのです。母が毎月分配型の投信を買っていたことを最近になって知ったのですが、気がついたときには元本が大幅に減っていました。それで母に「元本減っているよ。わかっている？」って聞いたのですが、母は驚いていました。わかっていなかったようです。

岩澤｜貴重な証言をありがとう。わからないで買っている人、やっぱり実際にいるんですね。それは確かに問題です。

M｜顧客が誤解したほうが売れるという商品なので、セールスには誤解を助長させるインセンティブが働いてしまうと思います。だから分配金利回りの大きさを強調することになるし、特別分配金だって、もし顧客が誤解していたら、積極的にその誤解を正すインセンティブはないですよね。金融庁に怒られないようにしようとはすると思いますが。そういう非倫理的な態度をセールスに促してしまっているという点で、問題のあるビジネスだと思います。

N｜Mさんの意見に付け加えたいと思います。銀行でも証券でも若い人がセールスをやっていますが、毎月分配型の投資信託を売るっていうビジネスを心から楽しんでやることができないのではないかと思います。顧客と話をしていて、「あ、この人わかっていないな」って思ったとしても、セールスの成績をあげるために、顧客の誤解をそのままにする、なんて経験を若い人にさせていると思うと、本当に気の毒で、このようなビジネスの存在自体が罪深いものであると感じます。

岩澤｜顧客を結果的にだますようなことになるビジネスをセールスの人たちに強いることになっているのではないかという問題ですね。これも深刻な問題であるように思われます。

　では今度は反対の意見を聞いてみましょう。このビジネスには問題はない、というご意見の方々、いかがでしょうか？

N｜さすがに、全く問題がないというつもりはありません。顧客がわかっていないとか、騙されているというのなら問題です。しかし分配型投資信託のビジネスの中にも、擁護できる部分があると思うのです。

岩澤｜どのような部分が擁護できると思いますか？

N｜分配金をもらえるっていうことが、年金生活者の喜びになっているんですよね。毎月分配型投資信託があることで、年金生活者に喜びをもたらすことができていて、彼らはその対価として信託報酬の1％を払ってくれているのですから、そこの部分についてはビジネスと顧客がwin-winになっているのであって、文句を言う必要はないのではないかと思います。

岩澤｜Nさんにお聞きします。年金生活者の人たちが、ここまでの我々の議論を完全に理解していたとします。それでもなお、分配金を得る喜びのために、年間1％のコストを払うでしょうか？

N｜微妙ですが、払う人もいるのではないかと思います。

O｜Nさんに賛成で、払う人はいるのではないかと思います。個人的な話で恐縮ですが、私の父親がそうだったのです。毎月分配型の投資信託を買っているという話を聞いて、私が「それって預けた預金を下ろしているようなもんだと思うけど、それでもいいの？」って聞いたんですよね。そしたら「わかってる。それでもいいんだ」って言ってましたから。

P｜自分の預金を下ろすのは嬉しくないですよね。投資信託に投資したものが分配金として帰ってきたら、嬉しいと感じると思います。その「嬉しい」という感覚を投資信託が売っているって考えればいいんだと思います。

岩澤｜なるほど。顧客に喜びを与えて、その代価をいただいているのだと。毎月分配型投信ビジネス擁護の議論、他にいかがでしょうか。

Q｜先ほどこんなビジネスはセールスの人に気の毒だという意見がありましたが、ちょっと反論したいです。ビジネスの責任はまずビジネスを成り立たせて、従業員を養うだけの利益を出すことです。セールスの人に気の毒だからこのビジネスをやめようってことになったら、業界全体で3,000億円の収入がなくなって、そしたら人員整理とかの話になるわけで、もっと気の毒なことになります。顧客をだましているとすればそれはよくないですが、金融庁の指導のとおりやって、それでもディマンドがあるというのであれば、そのビジネスはむしろ大事にしなければいけないと思います。

岩澤｜ディマンドがそこにある以上、それを提供してビジネスにするのは企

業の使命ではないかと。

Q｜そう思います。

岩澤｜わかりました。では今の話に対して、多数派の、このビジネスには問題があるという人たち、反論があればおっしゃってください。

R｜分配型投資信託の機能が、顧客から資金を預かって、それで毎月一定金額を返金するだけだとします。それだけのことに、本当に顧客は1％（の信託報酬）を払うでしょうか？ 1,000万円預けていたら、年間10万円それにとられるわけですよね。自分の預けたおカネを返してもらうだけのためにです。それを考えたら、やっぱり「それでもいいんだ」っていう顧客は、ホントにはわかっていないのではないかと考えてしまいます。

S｜Rさんと似た意見ですが、顧客が分配金を受け取る喜びを感じたいというディマンドに応えるものとして、投資信託っていうビジネスがふさわしいとは思えません。投資信託は資金を預かったファンドがその資金を増やす仕事をするっていうのが本来の仕事のはずで、その仕事と分配金を出す仕事とは相性がよくないように思えます。極端に言ってしまうと、そもそも「分配型」などという商品を開発したこと自体が問題であったのではないでしょうか。

岩澤｜投資信託とはそもそもどういうことをやるべきビジネスなのか、分配金を毎月出すというのは、投資信託の本来あるべき姿なのだろうかということを、少なくともビジネスサイドは考える必要があるというご指摘ですね。

企業経営者の役割と責任

岩澤｜分配型投資信託のビジネスに関しては、今議論してきたように、やはり問題であるという見方が多いようです。

　ここで、第4講で議論したJ.C.ペニーのケースを思い出しましょう。そこではクーポンとバーゲンが大好きな、システム1で動く顧客がいました。今

回は分配金が大好きな、システム1で動く顧客がいます。そこは似ていますよね。しかし、ロン・ジョンソンCEOはクーポンとバーゲンを廃止して、別の原理でビジネスを再構築しようとしました。一方、野村證券の森田敏夫社長は、分配型投資信託にも一定の需要があるということで、その問題性を認めつつも、そのビジネスを継続する方向です。この二人の異なる経営方針について議論したいと思います。議論をはっきりさせるために、二つ選択肢を用意しました。やや無理やりな選択肢ですが（笑）、どちらかに手を挙げてください。

森田社長の経営方針のほうが、ジョンソンCEOのそれより評価できる。
（70％が挙手）

ジョンソンCEOの経営方針のほうが、森田社長のそれより評価できる。
（30％が挙手）

では、森田社長の経営方針のほうが評価できるという方からいきましょう。

T｜ジョンソンCEOは独善的で顧客の声に耳を傾けようとせず、それで経営を失敗しました。森田社長は顧客の声を聞いたうえで経営判断をしていますので、ジョンソンCEOよりはるかにマシであると思います。

U｜先ほどQさんがおっしゃっておられましたが、経営者の第一の仕事は、利益が出るように経営して、従業員に給料を出すことだと思います。ジョンソンCEOはJ.C.ペニーの売上を下げてしまいましたから失格です。野村の森田社長の経営は、野村證券の従業員を守っているという意味で、ジョンソンCEOよりは優れていると思います。

岩澤｜なるほど。では今度は、ジョンソンCEOのほうが評価できるというご意見を伺いましょう。

V｜ケースの中の限られた情報に基づいた印象論ですが、森田社長は一貫性に欠けるメッセージを発しているように思えます。「野村證券はお客様本位」だと言う一方で、顧客が「分配金が欲しい」といったらそれに逆らうなと言う。顧客が誤解に基づいて「分配金が欲しい」と言っているときに、逆らわないのは「お客様本位」なのでしょうか？ セールスにしてみると、社長は顧客の誤解を正せと言っているのか、それとも誤解は放っておけということなのか、迷ってしまうと思います。それに比べ

て、ジョンソンCEOはダメダメですが（笑）、少なくとも経営のメッセージには一貫性があります。

岩澤｜「お客様本位にやれ」という一方で、「分配金が欲しいと顧客が言うのであればそれに逆らうな」というのは、「分配型投資信託でもなんでもいいからカネを引っ張ってこい」っていうように聞こえなくもないですから、そうすると従業員は困ってしまいますよね[111]。他にいかがでしょうか。

W｜ジョンソンCEOの戦略は完全に失敗でダメだと思いますが、評価できるのは、彼が小売業のあるべき姿、望ましい姿のようなものを構想していたという点です。ビジネスをやるうえでは、そのビジネスのあるべき姿とか、そのビジネスが社会に対してどのように貢献するのかといったことを考える必要があると思います。もちろん、その前にそれをビジネスとして成り立たせることのほうが先なので、ジョンソンCEOは失格であると思いますが。一方、野村證券の森田社長に関しては、このケースだけでは十分に判断できませんが、投資信託というビジネスにとって、分配型のビジネスは本当に必要なのか、やるべきことなのか。そこを業界トップとしてとことん考えぬいて行動しているのだろうか、そういう点で少し疑問を持ってしまいます。

Key Takeaways（まとめ）

岩澤｜まとめをしましょう。システム1は大変厄介なもので、時に、自分にとって利益にならないような意思決定をしてしまうことがあります。今回は分配型投資信託の購入を例としてとりあげたわけですが、その他にも、タバコと

---

111 文化人類学者・精神医学者のグレゴリー・ベイトソンは、精神病患者の調査を基に、親が発するメッセージと親のメッセージが暗黙裡に示唆するメタ・メッセージとが矛盾するような「ダブル・バインド」の状況に子供を置くと、子供が統合失調症になりやすくなると論じた（Bateson et al. 1956）。「分配金が欲しいというニーズに逆らうことはしない」というメッセージは、「分配型投資信託でも良いからとにかく預かり資産を増やすように」というメタ・メッセージを想起させる可能性があり、一方で「お客様本位」とのメッセージを発することは、従業員を「ダブル・バインド」の状況に置くことになりかねないだろう。

か、お酒の飲みすぎとか、ギャンブルとか、いろいろあります。第1講でもやりましたが、顧客のシステム1を喜ばせることで、長期的には顧客の利益にならないビジネスを行うことを「**迎合型ビジネス（pandering business**[112]**）**」と呼ぶことにしましょう。

こうした「迎合型ビジネス」は人々のビジネス倫理の意識を刺激しやすいようで、今回の分配型投資信託もそうですが、やり過ぎると社会の反発を買うようになります。しかし第1講でも触れましたが、宝くじのビジネスなんかは社会に定着しているようで、問題視する人はあまりいないのです。

皆さんと議論したかったのは、分配型投資信託を例に、どのようなときに、どのような条件で、迎合型ビジネスは倫理的に問題なのか、ということでした。

二つの大きな論点があったと思います。ひとつは、顧客が商品の特性を理解しないままに商品を買わせるのはよくないという点です。タバコなんかでも、健康に有害だというメッセージを箱に明記するようになっています。顧客をだますのがダメなのは言うまでもありません。

そしてもうひとつは、その迎合型ビジネスが、ビジネスとしてあるべき姿なのかという問題です。たとえば宝くじの場合には、その形で社会から許容されているわけで、あまり規模が大きくなり過ぎなければ、問題ないということになっています。しかし分配型投資信託の場合、どうでしょうか。預金の引き下ろしと同じことなのに年間1％のコストがかかるという矛盾は、そのままの形で社会に受容されるでしょうか。経営者は、特に業界トップのリーダーはそうしたことを考えてビジネスを構想する必要があると思います。

次の最後の講義では、ビジネスが顧客のシステム1とどのように付き合うべきか、その望ましい形について議論したいと思います。

---

112 Gennaioli, Shleifer, and Vishny（2015）

第**6**講 ナッジ／顧客の自由と尊厳、そしてシステム1のマネジメント

ナッジとは？

岩澤 │ 人間は必ずしも合理的ではなく、しばしば望ましくない行動——ある合理的な見地からみて最適とはいえない行動——をとってしまいます。そのときに、その人にとって（時に社会にとって[113]）望ましくない行動を変化させるために行う、ちょっとした介入のことを「**ナッジ**（nudge）」と呼びます。

　ナッジというのは英語で、「（注意を引くために）軽く突く」という意味です。講義の最中にお友達が隣でウトウトしていたら、肘でツンツンと軽くつついて起こしてあげる。それがナッジの元々の意味です。行動経済学者、特に2016年にノーベル経済学賞を受賞したリチャード・セイラーがこの言葉を行動経済学の文脈で使用するようになって、今では広く一般に使われる言葉になりました[114]。

　人間が望ましくない行動をとるとき、その多くはシステム1によるものです。従って、ナッジはシステム1への介入、システム1のマネジメントであるということができます。

　広く知られるようになったナッジの事例をいくつかお見せしましょう。

　最初はグーグル社のニューヨークオフィスのカフェテリアです。グーグル社のカフェテリアはとてもバラエティに富んだ美味しいメニューがあるというので有名なのですが、悩みは社員が食べ過ぎて太ってしまう傾向が見えてきたことでした。そこで会社は、エール大学の行動経済学の研究者たちと共同で、社員がより健康的なメニューを自発的に選択するよう促すことのできる仕掛けを研究したのです。

　いくつもの仕掛けの中で、一番わかりやすいものがこの写真に示されて

113　ナッジの目的は、本人または社会にとって望ましくない行動の回避である。グーグルのカフェテリアは肥満という本人にとって望ましくない行動を回避させるための誘導の事例で、男子用トイレのスティッカーはトイレの清潔な使用という、社会にとって望ましくない行動を回避させるための誘導の事例である。

114　Thaler and Sunstein（2008）

います（図表48）。これはデザートのコーナーです。そこにはきれいな色をしたフルーツがたくさんおいてあります。そして手前のほうにケーキが置いてあります。フルーツを目立たせて、ケーキを目立たなくさせているのです（笑）。人は無意識のうちにセイリアントなものに注目し、そのことが意思決定に影響を及ぼすという「セイリアンスの原理」の応用です。ここで、目立たないけれど重要なポイントは、ケーキを置かないのではなく、ケーキも置いてあるという点です。ケーキをなくしてしまうと、ケーキを食べないというのが、社員の選択ではなく、押しつけになってしまって、社員が反発心を覚える、という可能性を排除しているのです[115]。

ナッジというのは、あくまで自発的に、その人にとって、より望ましい選択をしてもらえるよう誘導する仕掛けのことなのです。

図表48 | グーグル社ニューヨークオフィスのカフェテリア

もうひとつは男子用トイレにおける、トイレ使用者へのナッジの例です。トイレに "HIT THE TARGET" という文字とともに的とそれを射る矢が書

---

115 Chance et al.（2016）

かれたシールを貼るわけですが、その意図は図表49を見れば一目でわかります。

　グーグルのカフェと同様、視線を操作することで行動を誘導しようとしています。しかしこの場合も、あくまで行動を強制しているわけではありません（笑）。個人の自由を尊重しつつ、その行動を誘導するのがナッジです。

図表49 | **男性用トイレ用のスティッカー "HIT THE TARGET"**

　ナッジは人の選択行動に影響を与えることによってなされるのですが、今見てきた例でわかるように、しばしば、選択の際に人々が注意を向ける先──「**選択設計**（choice architecture）」──のデザインを工夫することで成し遂げられます。

　これから議論するケースは、ナッジのケースです。顧客に、顧客にとって望ましくない行動を回避してもらえるよう、いかに選択設計を工夫するか、という問題を議論します。

エクスプレス・スクリプツ

　2008年の初頭のことであった。ボブ・ニースは、エクスプレス・スクリプツ社の科学的助言委員会の会合に向かっていた。そこでは処方薬の自宅への郵送を推進するための様々な提案が議論されることになっており、ニースはこれを楽しみにしていたのである。エクスプレス・スクリプツは、クライアント企業の従業員が、より安い価格で処方薬を入手できるようにできるような仕組みを作り上げることができるように助言を行う会社であり、ニースはこの会社のチーフ・サイエンティストとして働いているのであった。

　ニースが注目していたのは、エクスプレス・スクリプツが患者に勧めている、処方薬の自宅郵送方式を、人々があまり使用していないという点であった。処方薬をウォルグリーンのような薬局チェーンで受け取るのをやめ、その代わりに自宅へ郵送してもらう方式に切り替えた人は、その分費用を節約することができていた。しかし自宅郵送を好まない人々に対し、これを勧め、実行させるにはどうしたら良いのだろうか?

エクスプレス・スクリプツと薬剤給付管理事業

　エクスプレス・スクリプツは、2008年時点において、薬剤給付管理（pharmacy benefit manager：以下PBMと略す）業界において第3位の地位に

116　本ケースはBeshears et al.（2016a）の著者による抄訳であり、クラス内での討論を行うことを目的として作成したものである。記載された内容、名称、数値等は入手された資料に基づいているが、必要に応じて改変もしくは偽装されており、ケース内に登場する企業／組織の経営の巧拙を問うものではない。なお、完全な翻訳版は日本ケースセンターより出版される予定である。

あった。PBMの仕事は、医薬品製造企業、同卸売企業、薬局、健康保険のスポンサーとなっている雇用主（企業）、被雇用者（従業員）のための処方薬の計画、そしてこうした計画を受け取っている被雇用者、その全体及びその相互の関係を監督することにあった。全体のシステムは次のようになっている。まず、雇用主が、被雇用者に対し、会社が提供する健康保険とその保険がカバーする処方薬についてのプランを示す。被雇用者の中で、そのプランを受け入れた者は、「プレミアム」と呼ばれる契約金を支払う。この「プレミアム」を支払った後は、被雇用者は、処方された薬を受け取るごとに、薬局に対し支払いを行うことになる。この支払いを「自己負担（copayment）」と呼ぶ。治療の種類によって、「自己負担」は処方される薬代の総額の一定割合であるか、または定額支払いである。そして、処方された薬の代金のうち、「自己負担」で不足する分については、PBMが雇用者から徴収する。PBMはその代金を薬局に、薬局は卸売業者に、卸売業者は医薬品製造業者にそれぞれ支払いを行う。

薬のユーザーである個人の立場からすると、PBMにこのネットワークを管理させることの利点は、PBMが薬局に対しバーゲニングパワーを持っているために、より安い価格で医薬品を入手できるようになる、という点にあった。

2008年、PBMの処方箋取り扱い件数は全米で40億件に上った。エクスプレス・スクリプツの市場シェアは取扱件数ベースで12.7%であり、メドコ・ヘルス・ソリューションズ、CVSケアマーク、そしてエクスプレス・スクリプツの「ビッグ3」を合計すると50%を超えていた。「ビッグ3」はいずれも、町の薬局で処方薬を受け取るという選択肢を提供していたが、同時に、各PBMが運営するメールオーダー方式の薬局から受け取るという選択肢も提供していた。

処方薬の自宅配送

　消費者の間では、これまでの主流であった「町の薬局」チャネルに比べ、メールオーダー方式の薬局チャネルへの関心が高まりつつあった。そんな中、エクスプレス・スクリプツは、2007年から2008年にかけての売上高成長率がわずか1%にとどまったこともあり、ビジネスの拡大のテコとしてメールオーダー方式のチャネルを利用することに、特に強い関心を向けていた。

　メールオーダー方式の薬局は、町の薬局に比べ、より低価格で、より便利なチャネルとして、1980年代から台頭してきた。近年ではPBMがメールオーダー方式の薬局と提携を行ってきたこともあり、2008年の統計では、メールオーダーのチャネルでの取り扱いが処方薬全体の18.2%に上っていた。メールオーダーチャネルが利用されるのは、ほとんどが維持投与、つまり慢性疾患に対する処方薬で、一定の期間、規則的に服用しなければならない薬の取り扱いであった。メールオーダーモデルでは、配送を行う前に、薬を事前に調合しなければならないが、維持投与では、その調合を患者の状態によって緊急に変えたりする必要がないため、比較的容易に取り扱いを行うことができるのである。処方薬のおよそ3分の2程度が慢性疾患に対応する維持投与であった。

　処方薬の自宅配送は、町の薬局での購入に比べ、多くの利点があった。1日当たり何万という規模の処方薬を配送することが可能な自動の自宅配送システムは、手作業で薬を入れていく町の薬局に比べはるかに効率的であり、消費者に間違った薬を与えてしまう比率も、自宅配送システムのほうが低かった。更に良いことには、自宅配送のほうが便利で、また低価格となるため、与えられた処方に従って最後まできちんと薬の服用を行う患者の比率が高まるという効果も期待することができたのである。また、エクスプレス・スクリプツの自宅配送の薬局では、町の薬局に比べ、

高価な良く知られたブランド名の処方薬から、安価な、しかし効能は全く同じであるジェネリックの薬に切り替えることをより上手く、より適切な形で行うことができたので、消費者にとっては、処方薬の費用をもう一段節約することができる。最後に、自宅配送を選べば、消費者は、町の薬局に出向く時間を節約することができ、その代わりに医師と面談をして、より良い処方へと変更してもらうための時間をより多くとることができる。

しかし一方で、自宅配送にはいくつかの欠点もあった。緊急に薬が欲しいというニーズに対し、町の薬局ならばすぐに対応できるのに対し、自宅配送の場合には時間がかかってしまう。加えて、町の薬局ならば、患者が薬の使用法に関する疑問や懸念をぶつけることができたのだが、自宅配送の場合、患者がそうしたことを行うのは簡単ではなく、不便であった。更に、他人に自分宛ての郵便物を見られてしまう恐れのある人、例えば集合住宅の住人などにとっては、自宅配送はセキュリティやプライバシーの点で問題なしとは言えないものであった。

自宅配送を推進するための選択設計

ニースは、エクスプレス・スクリプツの既存顧客、これからの顧客、そしてこうした顧客企業の従業員のために、自宅配送による取り扱いの比率を高めるためのプログラムを作成したいと考えていた。ある大手の顧客──大規模な小売りチェーン店──が、自社の従業員を対象として、パイロット・スタディーを行ってもよいと、ニースに名乗り出てくれていた。この顧客は既に、自宅配送を使ったほうが自己負担が軽くなるという料金表（図表50）を作成することで、従業員が自宅配送を使用するよう誘導していたところだったのである。

処方薬の種類	町の薬局で30日分を買った場合の自己負担	自宅配送で90日分を買った場合の自己負担
いくつかのジェネリック	$0	$0
大半のジェネリック	$8	$20
ジェネリックが利用可能ではない人気ブランド薬	$25	$55
ジェネリックが利用可能な人気ブランド薬	35%, 最低$35, 最高$70	35%, 最低$70, 最高$140
いくつかのあまり人気がないブランド薬	35%, 最低$45, 最高$105	35%, 最低$90, 最高$210
いくつかのあまり人気がないブランド薬	35%, 最低$70, 最高$140	35%, 最低$140, 最高$280
いくつかのあまり人気がないブランド薬（ライフスタイルメディスン）	85%	80%

しかし依然として、自宅配送の人気は限定的であった。

当時、エクスプレス・スクリプツの従業員らは次のように考えていた。このクライアント企業（大規模小売チェーン企業）の従業員の多くが、処方薬の購入チャネルを、町の薬局から自宅配送に切り替えれば、この企業全体の費用削減効果は莫大なものになる。だが一方で、たとえ購入チャネルを変更したとしても、そのことの効果は、個々の従業員にとってみると、大きなものではない。また、今までに慣れ親しんだやり方を変更するのは面倒くさい。だから切り替えが進まないのだろう、と。

「完敗だよ」とニースは言った。「町の薬局に行けば、白衣を纏った紳士が応対してくれる。その辺に置き忘れてしまう心配もない。自宅配送への切り替えを勧めるのは容易なことじゃないよ」

エクスプレス・スクリプツのクライアントである大規模小売チェーン企業は、従業員に対し、処方薬のうち「維持投与」のものを自宅配送に切り替えることを義務化する、というやり方はとりたくないようであった。自宅配送にプライバシーやセキュリティ上の問題を感じる従業員もいる以上、従業員がそうしたやり方に抵抗を感じるだろうということが容易に予想されたためである。

また、この企業は、自宅配送を推進するために、「自己負担」の料金表

を変更し、自宅配送がより一層有利になるようにするというやり方についても消極的であった。自宅配送にした場合の「自己負担」をより安くすれば、それは企業側の負担が重くなることにつながる。一方で、町の薬局チャネルを利用した場合の「自己負担」を重くすれば、従業員がそれを懲罰的な施策と感じる可能性があった。

　ニースは、リチャード・セイラーとキャス・サンスティーンが『ナッジ──健康、富、幸福に関する意思決定を改善する方法[117]』という本で示した「選択設計」というアイデアに興味を持っていた。セイラーとサンスティーンは、人々に与えられる選択肢とその結果についての設計を少しだけ変化させるだけで、意思決定を大きく変化させることができると論じていた。例えば、米国では、多くの人が、引退後のための資金を十分貯蓄していないことがよく知られている。だが企業が、従業員に対し、引退後に備えるために給料の一定割合を貯蓄するプランを示す際に、そのデフォルト・オプション（何もしなかったらそれを選んだことになる選択肢）を「まったく貯蓄しない」とする設計から、デフォルト・オプションを「貯蓄する」とする設計に切り替えると、その途端に従業員の貯蓄率が顕著に跳ね上がるのだった。

　処方薬についても、同じような選択設計の変更によって、自宅配送を増やすことはできないだろうか？　また、自宅配送チャネルによる薬の受け取りを増やす手段は他にないだろうか？

　ニースは科学的助言委員会で、自宅配送チャネルへの切り替えを推進するためのアイデアがいろいろと出てくることだろうと思い、期待に胸を膨らませました。だが彼は、町の薬局を使い続けている人たちの行動を変化させるために、どのような選択設計が一番有効なものとなるのかについて、依然としてよくわからないままであった。「最適でない選択を行っている人々がいることはわかっている。しかし我々は、そのことにどう対処すべきか、ということについてはよくわかっていないのだ」

117　（訳注）Thaler and Sunstein（2008）

Assignment

第6講｜アサイメント（課題）

☑ エクスプレス・スクリプツなど、薬剤給付
管理（PBM）企業のビジネスモデルを説
明せよ。PBMはどのように顧客から収
入を得ているのか

☑ ボブ・ニースの立場に立って考えてみよ
う。彼はなぜ、顧客企業の従業員に、町
の薬局ではなく、メールオーダー方式の
薬局から受け取ることを勧めたいと考え
ているのか

☑ 顧客企業の従業員にメールオーダー方
式の薬局から処方薬を調達させる試み
は、あまりうまくいっていないようであ
る。なぜだろうか

☑ ボブ・ニースの立場で、顧客企業の従業
員に、処方薬の自宅配送への切り替え
を行ってもらうための手段を提案せよ

薬剤給付管理事業のビジネス・モデル

岩澤｜ エクスプレス・スクリプツは、米国の薬剤給付管理（PBM）業界第3位の企業ですね。PBMっていうのは日本では馴染みのない産業ですので、このビジネスを理解することから始めましょう。PBMとはどんなビジネスなのか、どなたか説明をお願いします。まずPBMの顧客は誰で、PBMは顧客に何を提供しているのでしょうか？

A｜ PBMのクライアントはアメリカの企業です。クライアントの企業が従業員に医療保険を提供していまして、その保険がカバーする薬があります。その薬を従業員のほうがより安く調達できるようアドバイスをするのがPBMの仕事です。

岩澤｜ なるほど。PBMは企業に対して、従業員が薬を安く調達できる方法についての提案をするんですね。それは企業にとって、どのようなメリットがあるのでしょうか？

A｜ 企業は従業員に医療保険を提供していますので、従業員が薬を買えば、その都度企業がいくばくかのおカネを払わないといけないのです。従って、薬代が安くなれば、企業の出費が減って利益になるっていう仕組みになっています。

岩澤｜ ありがとう。もう一度整理しましょう（図表51）。PBMの顧客企業は、従業員に医療保険を提供しています。医療保険ですから、従業員が病気になって薬を買うことになったら、その費用を会社が負担しなければいけないんですね。それでその費用が少しでも安くなれば、会社は助かるわけです。それで、薬の調達に関して、費用が少しでも安くなるようにアドバイスをしながら、従業員にきちんと薬が届くシステムを管理するっていうのが、薬剤給付管理業、PBMの仕事なのです。

---

118 ケースの議論では、受講生はBeshears et al.（2016a）の完全な翻訳版を読んだ上で参加しているため、本書に収録したケースの抄訳に含まれていない情報も話題に上っている。

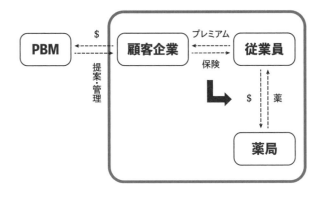

メールオーダー方式（vs 町の薬局）

岩澤 ｜ さて、ケースの主人公ボブ・ニースに登場してもらいましょう（図表52）。ボブ・ニースはエクスプレス・スクリプツのチーフ・サイエンティストです。

図表52 | **ボブ・ニース** （**エクスプレス・スクリプツ社チーフ・サイエンティスト**） [120]

---

119 著者作成。
120 Doyle（2011）より転載。

ボブ・ニースさんは、顧客企業の従業員に、町の薬局ではなく、メールオーダー（自宅配送）方式の薬局から受け取ることを勧めたいと考えています。さて、ニースさんはなぜ、メールオーダー方式を勧めたいと思っているのでしょうか？

B│ 自宅配送方式のほうが、薬が安いからです。

岩澤│ そうですね。なぜ自宅配送のほうが安く済むのでしょうか？

B│ エクスプレス・スクリプツと提携している自宅配送方式の薬局があります。エクスプレス・スクリプツは顧客企業の従業員にそれを使わせているので、その薬局の規模が結構大きくなっていて、それでエクスプレス・スクリプツは薬局に対して、バーゲニング・パワーを行使して、ボリューム・ディスカウントを要求できているのだと思います。

岩澤│ 町の薬局と比べると、自宅配送方式の薬局のほうが大きくて、その分規模の経済が働くってことでしょうね。自宅配送のほうが町の薬局よりも安い理由は他にもいくつかあります。いかがでしょうか。

C│ 町の薬局は手作業で薬を入れていきますので、その分人件費がかさみます。自宅配送は大量の処方薬の配送を、自動的に機械が処理してくれますので、その分安くつくと思います。

岩澤│ 薬を従業員に届けるまでの効率が全然違うので、そこがコストに跳ね返ってくるだろうということですね。あとはどうでしょう。

D│ 町の薬局に比べて、ジェネリックへの切り替えがスムーズにできます。

岩澤│ そうですね。ここはなかなか微妙な問題ですが、町の薬局だとジェネリックへの切り替えがうまくいかないってことですよね。なぜ町の薬局だとジェネリックへの切り替えがうまくいかないのでしょうか。

D│ 顧客の間で、ブランド品への信仰が強いのだと思います。それで町の薬局に行って、ブランド品をみると、ついついそちらのほうを買ってしまうと。

岩澤│ 値段はブランド品のほうが高いのだけれども、「Price-Qualityヒューリスティック[121]」で、価格の高いほうが、品質が良いと思い込んでしまってい

121　本章第4講を参照。

る人が少なくないかもしれませんよね[122]。

E あと町の薬局だと、価格が高いブランド品を売ったほうがマージンも大きいわけで、薬局からすると、ブランド品のほうを売ろうというインセンティブが働くと思います。一方、エクスプレス・スクリプツと契約しているメールオーダー方式の薬局は、契約の段階で、ジェネリックがある場合にはジェネリックを売るように決められているのだと思います。

岩澤 なるほど。いろいろな理由で、クライアント企業の従業員は、自宅配送を選んだほうがより安く薬を調達できるわけですね。ところで、自宅配送の利点は、薬の安さだけではありません。他にどのような利点があるでしょうか?

F 自宅配送だと、薬の処方と配送を機械が判断しますので、従業員に間違った薬が届く可能性が小さくなります。

G 維持投与の場合、患者は長い期間薬を規則的に飲み続けなければならないのですが、町の薬局だと、患者さんが薬局に薬を取りに行くのを忘れたりすることがあります。自宅配送だと、維持投与の薬がきちんと規則的に届きますので、調子が良くなるまできちんと薬の服用を続ける可能性が高くなります。

H 自宅配送だと、町の薬局に出向く時間を節約することができます。患者さんはその時間にたとえば、医師と面談したりすることができます。

岩澤 いいことづくめですね。薬が安いのも、薬が正確に届くのも、エクスプレス・スクリプツにとって良いというだけではなくて、顧客企業の従業員にとっても良いことです。

---

122 Bronnenberg et al. (2015)は、医者や薬剤師など専門的知識を備えた消費者は、ジェネリックと同品質とされるブランド品を買う傾向が顕著に弱いことを実証した。これは普通の消費者が示すブランド品の医薬品への選好が合理的な根拠を欠いたもの─「Price-Qualityヒューリスティック・バイアス」─であることを示唆する。

なぜ切り替えはうまくいかないのか？

岩澤 ｜ そういうわけで、エクスプレス・スクリプツとしては、もろ手をあげて自宅配送推しなんですね。もっと多くの従業員に、自宅配送を使ってほしいと思っている。ところがこれがなかなかうまくいかないようです。町の薬局のほうがいいんだって言う従業員が少なくないんですね。なぜ彼らは、町の薬局で調達しているのでしょうか？

I ｜ メールオーダーは緊急のときに使えないという不安があるのだと思います。急に調子が悪くなったときに頼りになるのは、やっぱり町の薬局なのでしょう。

J ｜ 薬局だと、お店の人に相談できるっていうのもあると思います。自宅配送では、薬について相談するのは簡単ではないでしょうから。

K ｜ プライバシーの問題もあります。集合住宅に住んでいると、自宅配送された薬が他人に見られてしまったりする危険があって、病気を隠したいと思っている人には、自宅配送は良くないシステムなのだと思います。

L ｜ あと、自宅配送のほうが安いというのですが、従業員一人一人にとってみると、コスト削減効果は大きいものではありません。

岩澤 ｜ その点、数字で説明できますか？

L ｜ たとえば、ジェネリックを町の薬局で買うと30日で8ドル。一方自宅配送の場合、同じ30日で6.6ドルです（図表50）。1カ月で1.4ドルの差ですから、すごく大きいというほどではありません。

岩澤 ｜ なるほど。まだ他にありますか？

M ｜ 習慣の問題です。今までに慣れ親しんだやり方を変更するのは面倒くさいっていうことです。

岩澤 ｜ システム1の問題ですね。従業員のシステム1は町の薬局を支持している、と。

N ｜ 推測ですが、自宅配送のほうが、様々な点でメリットが多いということを、多くの従業員の人は知らないのではないかと思います。惰性

で、面倒くさいから町の薬局に行き続けているという人は、自宅配送のことを調べようともしないでしょうから。

岩澤 | なるほど。システム1で動いていて、システム2が働いてないかもしれないってわけですね。ちょっと話が逸れますが、こうしてみると、この話、第5講で議論した「毎月分配型投資信託」の話とよく似ていますよね。顧客のシステム1は、よくわからないままに、分配型投資信託や町の薬局を支持している。しかしそれは顧客にとって必ずしも利益になる選択ではない。そのとき証券会社はどうするべきか？ エクスプレス・スクリプツはどうすべきか？ こういう構造になっているわけです。

自宅配送への切り替えをいかに勧めるか

岩澤 | さてそういうわけで、多くの従業員は、依然として町の薬局に行き続けています。ボブ・ニースさんとしては、この方たちに自宅配送方式に切り替えて欲しいわけですね。そのための手段を考えなければいけません。皆さんに提案してもらう前に、いくつか、ダメそうな提案（笑）を検討してみましょう。ここに書いてみます。

・町の薬局に協力を呼びかけて、メールオーダーに切り替えるよう、顧客に呼び掛けてもらう。
・医者に協力を呼び掛けて、薬の処方をメールオーダーに切り替えるよう、患者に呼び掛けてもらう。
・自宅配送への切り替えを義務化する。
・町の薬局、自宅配送のそれぞれにかかる自己負担の金額を、従業員にとってより自宅配送が有利になるように調整する。

まずはこれらについて検討しましょう。いかがでしょうか？

0 | 町の薬局案ですが、町の薬局にしてみると、メールオーダーの薬局

はライバルなわけです。顧客がスイッチしてしまったら自分の売上がなくなってしまうので、そんなことに協力するわけはないと思います。

P｜医者に協力を仰ぐのは悪いアイデアではないと思いますが、医者の側に、時間と労力を使って患者にメールオーダーへの切り替えを説得するだけのインセンティブが欠けていると思います。メールオーダーのほうが、薬がよく効くっていうのならともかく、より安い薬にしましょうっていうだけの話ですからね。

Q｜義務化のアイデアは、顧客企業が賛成しないと思います。従業員の中には、プライバシーの問題などで自宅配送に強い抵抗を感じている従業員もいるわけで、そうした従業員に自宅配送を強制して、従業員の反発を買うことを企業は望んでいません。

R｜自己負担の金額を自宅配送に有利なように調整するというのも従業員にしてみれば、半ば強制的なにおいのするやり方ですので、クライアントの企業が、そういうやり方はとりたくないと言うと思います。

岩澤｜顧客の企業は、従業員の行動変容は望んでいるのですが、それを強制的にやりたいとは思っていないんですね。従業員の選択の自由は尊重したいと思っているわけです。強制と受け取られないような方式で行動を変えたい。ではどうすればよいでしょうか？

S｜顧客企業に、協力を要請すると良いと思います。

岩澤｜具体的に何をしてもらったらよいと思いますか？

S｜自己負担の料金表がありますよね（図表50）。もしあれの狙いが従業員を自宅配送に誘導することだとしたら、ちょっと下手過ぎると思います（笑）。「町の薬局で30日分を買った場合の自己負担」と「自宅配送で90日分を買った場合の自己負担」を比べるのはわかりにくいですから、同じ90日にして比較したほうが良いでしょうし、もっと言うと、表自体がわかりにくいですから、レイアウトからやり直したほうが良いと思います。

T｜Sさんに賛成ですが、一言付け加えさせてください。30日分とか、短い期間で金額を比較しているから、町の薬局だとひと月あたり8ドル、自宅配送だと6.7ドルで、「なんだ1.3ドルの節約か」となってしまうのです。維持投与の薬なのですから、長期に飲み続けるわけで、たとえ

ば3年続けたらこれだけ違うってことが明確にわかるようにすると、だいぶ違うと思います。

岩澤｜フレーミング効果を使って、もう少しうまく誘導するように、顧客企業に協力してもらおうというわけですね。しかしどうでしょうか。料金表を改定して、自宅配送のインセンティブを強化することについては、顧客企業が否定的なのですよね。半強制的なにおいがするということで。これも同じように、従業員の反発を買う懸念はないでしょうか。

T｜いえいえ。単に見せ方を工夫して、従業員の方々によく理解してもらおうとしているだけですから。従業員の方々をだまそうということではないし、カネで無理やり行動を変えようとかそういうことでもないってことを企業の方にお伝えすれば大丈夫だと思います。

岩澤｜わかりました。他の案も検討してみましょう。

U｜デフォルト・オプションが、今はおそらく町の薬局になっているのだと思うのですが、それを自宅配送にしてしまえば良いと思います。

岩澤｜なるほど。デフォルト・オプションを変えてしまうというのは、従業員が企業と保険契約をするときに、薬をどこで調達するかを決めると。そのときに、今はデフォルト・オプションが町の薬局で、自宅配送を選ぶ場合には、チェックボックスに☑を入れるとか、あえて意識して選択しなければいけないんでしょうね。Uさんの提案は、それを逆にして、今度はデフォルト・オプションを自宅配送にして、町の薬局にどうしても行きたいという人は、あえて意識してチェックボックスに☑を入れないといけないようにすると。そういうことですね。

U｜はい、そうです。

岩澤｜たしかに、あえて☑を入れるというのは面倒ですから、このようにすれば、結果的に自宅配送を選ぶ従業員が増えそうな気もします。しかしどうでしょうか。これあれですか？ 何月何日の契約から、自宅配送がデフォルトになりますとか、突然そういう話になるのですか？ 何か知らないうちに、突然自宅配送で薬が送られてくることになったら、従業員が怒り出しませんか？

U｜そうですね。そこは、デフォルトを変更する前に、従業員の方々によく説明することが必要だと思います。

岩澤｜デフォルトを変更するにしても、突然変更するのではなく、説明が必

要な気がしますよね。この点について、いかがでしょうか。

W ｜ 町の薬局を使っている人とのコミュニケーションがとても大事だと思います。中には、プライバシーの問題とか、その人固有の事情がある場合もあるわけで、そういう場合に、例えば受け取りを別の場所に指定するとか、細かく個別対応をするっていうことを積み重ねるべきだと思います。

X ｜ Wさんの意見に賛成なのですが、町の薬局に通っている人の中には、システム2でそうしているのではなくて、習慣とかシステム1で動いている人が多いのですから、「システム1をほぐす」的なアプローチが必要だと思います。少なくとも、なぜ町の薬局に通っているのかを一人ずつ面談して調査して、その人たちの気持ちをわかってあげる、わかっているとシグナルを送ってあげて、気持ちがほぐれてきたらSさんがおっしゃったような、「1年使うとこんなに費用が変わるんですよ」とか、そういう情報提供をやって、自宅配送の良さをわかってもらうコミュニケーションをしていくべきだと思います。

岩澤 ｜ OK。良いでしょう。このケースには、このあとエクスプレス・スクリプツが実際にどうしたかを記したケース（B）があります。今からケース（B）を配りますので、読んでみてください。

　幾度もの議論を重ねた結果、ボブ・ニースとエクスプレス・スクリプツの科学的助言委員会は、大規模小売りチェーン企業の従業員の間で、処方薬の自宅郵送方式を選択する向きが広がるよう、「**能動的選択プログラム**（**active choice program**）」をデザインすることに決めた。

　その能動的選択プログラムは、従業員に処方薬の自宅郵送方式を義務づけるものではなかったが、一方で、町の薬局で受け取る方式をデフォルト・オプションとしていた、今までのやり方をそのまま踏襲するものでもなかった。その新しいプログラムは、個々の従業員に、町の薬局と自宅郵送方式の、そのどちらにしたいのかを意思表示してもらうという、それだけのことを要求するものだった。

能動的選択プログラム

　プログラムを導入するにあたって、エクスプレス・スクリプツは、大規模小売チェーンの従業員に処方薬のプランについての変更が行われる、という認識を持ってもらえるよう、周知徹底する必要があった。エクスプレス・スクリプツは、ここ最近、維持投与の処方薬を町の薬局で入手した従業員に対し、郵便と電話の両方でコンタクトを行い、能動的選択プログラムについて説明を行った。これらの従業員は、維持投与の処方薬の調達を自宅配送に切り替えるか、それとも、これからも町の薬局で調達するかを、郵便または電話でエクスプレス・スクリプツに対して連絡しなければいけな

123　本ケースはBeshears et al.（2016b）の著者による抄訳であり、クラス内での討論を行うことを目的として作成したものである。記載された内容、名称、数値等は入手された資料に基づいているが、必要に応じて改変もしくは偽装されており、ケース内に登場する企業／組織の経営の巧拙を問うものではない。なお、完全な翻訳版は日本ケースセンターより出版される予定である。なお、本ケースにおける「能動的選択」の実証研究を基にした学術論文として、Beshears et al.（2019）がある。

い、との通告を受けたのである。

　通告に従わず、自宅配送か、町の薬局かの、能動的選択を行わなかった従業員はどうなるかというと、そのまま2度まで、町の薬局で維持投与の処方薬を受け取ることができることになっていた。そしてそこでは、引き続き、会社が提供する処方薬のプランに加入していることにより適用される、相対的に低い水準での薬価で調達することができた。

　しかしその従業員が、二つのチャンネルについての能動的選択を行わないまま、町の薬局で3度目の調達を行うと、そのときにはこの低水準での薬価で調達することはできない仕組みになっていた。

　ただしその場合でも、もしその従業員がそこでエクスプレス・スクリプツに電話をし、能動的選択を行ったら、ただちに低水準での薬価での調達は可能になるのだった。

　また、もしそこでの能動的選択において、自宅配送への切り替えを選択したとしても、あと1回だけは町の薬局で、低価格で調達することが可能になるような仕組みになっていた。これは自宅配送への切り替えの申し込みに対応する間の、維持投与を可能にするための仕組みであった。

能動的選択プログラム導入の成果

　能動的選択プログラム導入の成果は目覚ましいものだった。プログラムがターゲットとした大規模小売チェーンの従業員のうち、40%が維持投与の処方薬を受け取るために、自宅配送を選択したのである。能動的選択プログラムを導入する前の年には、この同じ従業員たちのうちわずか6%しか自宅配送を選択していなかったのだから、大きな前進といってよいだろう。

　大規模小売チェーンで適用した能動的選択プログラムの成功が知られるようになり、エクスプレス・スクリプツの他の顧客企業からも、同様のプロ

グラムの採用を望む声が強くなった。翌年、エクスプレス・スクリプツの顧客のうち、このプログラムを採用した企業は400を超えたのだった。

能動的選択プログラム

岩澤 ｜ エクスプレス・スクリプツが採用したのは「能動的選択プログラム」という方法でした。「能動的選択」という名前が示すとおり、従業員の方々に自分のほうからどちらを選ぶのか、意思表示をしていただくというものなのですが、いきなり意思表示をしろと迫るのではなく、その前後が丁寧に設計されています。

まず前段階の、周知徹底です。直近で維持投与の処方薬を町の薬局で入手した従業員に対し、郵便と電話の両方でコンタクトしました。そして、能動的選択プログラムについての説明を行ったうえで、処方薬の調達を「自宅配送に切り替えるか、それとも、これからも町の薬局で調達するか」を郵便または電話でエクスプレス・スクリプツに連絡しなければいけないと通告します。

ここで意思表示をした従業員は、これでおしまいです。自宅配送への切り替えという意思表示をした従業員に対しては、自宅配送が始まります。町の薬局で調達するという意思表示をした従業員は、これまで通り、町の薬局で、比較的安い値段で調達し続けることができます。

意思表示をしなかった従業員に対しては、続きがあります。意思表示をしないままでも、町の薬局で、あと2回は安い価格で調達できるようにしてあるのですね。しかし3回目になると、会社の提供する割引価格が適用されなくなり、薬の値段が上がるようになっているのです。それで驚いた従業員に、能動的選択を迫る仕組みになっているわけですね。しかしそれは、必ずしも自宅配送への切り替えを迫るものでもなくて、そこで町の薬局を選択するという意思表明をしさえすれば、これまで通り安く調達できるようになっているのです。自宅配送に切り替えた場合は、切り替えのリードタイムを確保するため、あと1回だけ町の薬局を安く利用できるようにしてあり

---

124 本ケースの議論では、受講生はBeshears et al.（2016b）の完全な翻訳版を読んだうえで参加しているため、本書に収録したケースの抄訳に含まれていない情報も話題に上っている。

ます。

　能動的選択プログラムは大成功に終わりました。ターゲットとした従業員の中で、自宅配送を選ぶ人の比率が、それまでの6％から40％にあがったわけです。さて、このプログラムの何が良かったのでしょうか。何がキー・サクセス・ファクター（KSF）であったと思いますか？

Y｜ 時間と労力をかけて、丁寧に説明をしたことだと思います。システム1で動いている人たちにシステム2を使ってもらわなければいけないということで、説明を丁寧にすることで、そういうことだったのかってわかった人が多かったのではないかと思います。

岩澤｜ 郵便と電話。郵便だけじゃなくて、電話でもやっている。丁寧ですよね。あとはいかがでしょうか。

Z｜ そのまさしく、電話というポイントを指摘したかったのですが、X大学A学長のケース（本章第3講）でやったように、システム1をほぐすにはシステム1の対応が必要なんですよね。それには郵便でのコミュニケーションだけでは絶対ダメで、電話で、しかも非常に丁寧な、相手に安心感を与える対応が必要であって、おそらくそういう対応がなされたことがKSFだったと思います。

岩澤｜ システム1で動く顧客に、システム2を使ってもらうためには、いきなりシステム2に行くのではなくて、システム1から動かさなくてはいけないと。このケースでもそこがポイントになっているんですね[125]。あとはいかがでしょうか。

a｜ 意思表示をしてもらうようになっているんですね。自分で選ばせると。そうすると、それがシステム1で動いていた人にとって、システム2を使って考えてみようとする、きっかけになっているのだと思います。

岩澤｜ 意思表示を迫られるっていうのがこの「能動的選択プログラム」の最大の特徴ですよね。意思表示を迫られたことをきっかけに、考えた人が結構いたんでしょうね。よく情報を与えられて考えてみたら、自宅配送のほうがいいってことになったと。

125　システム1の影響が強いとき、人はシステム2を使って理性的な判断や選択を行うことができない状態にあるかもしれない。顧客がこうした状態にあるケースで、顧客にシステム2を使って意思決定をしてもらうことを望むのであれば、まず「システム2を使って理性的な判断や選択を行うことができる状態（decision readiness: Soll et al. 2016）」になってもらう必要があり、そのためには、顧客のシステム1をマネジメントすることが必要である。

b｜ 町の薬局を選んでも大丈夫っていうように、選択肢を残していると
ころがよいのだと思います。しかも、選ばないままでも、2回はそのまま
使えるっていうようになっていて、切り替えを強制しているのではない、
町の薬局を続けても大丈夫という安心感をもたらしていると思います。

岩澤｜ 町の薬局を選んでいる人たちにも、それでも良いのだという「心理的
安全性（psychological safety[126]）」を担保しているのだというわけですね。

c｜ 漠とした言い方になってしまいますけれども、従業員を大事に取り
扱っている感じが非常に伝わってくる制度になっています。そのことが
ベースにあるから、多くの従業員が、自分たちの行動を変えようとされ
ているっていうことに抵抗するのではなく、考えてみようってなったので
はないかと思います。

岩澤｜ システム1で動く人たちには、やはり大事なのは、システム1の点での
取り扱いなのだと、そういう論点ですね。

Key Takeaways（まとめ）

岩澤｜ まとめをしましょう。我々が取り扱ってきたのはこういう問題でした。シ
ステム1で動いている人がいて、その人が、自分にとって、あるいは社会に
とって望ましくない行動をとっていたとします。その人に行動変容を迫るとき
にどうすればよいか。ひとつのやり方が選択設計、その人にとっての選択肢
の与え方を工夫するということだったわけです。

　選択設計への介入のひとつの方法は、デフォルト・オプションを変えて
しまうことです。アメリカでは確定拠出年金の問題を巡って、この話がとて
も有名になりました。長期の資産運用が課題である人の場合、株式を含

---

126 「心理的安全性」とは、「自己のイメージ、地位、キャリアなどが傷つくかもしれないとの懸念を
　　感じることなく、自己を表出し、その力を存分に発揮することができる」ことが保証されている状
　　態を指す（Kahn 1990）。そのような状態が保証されていることは、職場のコミュニケーションを
　　自由で効果的なものとすることにより、その生産性をあげることに寄与することが知られている
　　（Edmonson and Lei 2014）。

むポートフォリオに投資してもらうのが望ましいことなのですが、多くの人がなかなかそうしてくれない。企業としては、従業員にそうしてほしいのだけれどもどうしたらよいのだろうかというのが、課題でした。そのときに行動経済学者が、デフォルトを変えればよいではないかと提案をしたわけですね。それまで加入するために山のように書類を書いて、拠出率を選んでってやらなければいけなかったところを、加入することをデフォルトにして、拠出率もデフォルトで決めておけば良いのではないかと。それは大成功で、それだけの制度変更で、加入率が劇的に増加したのです。

　しかし、よく考えてみるとこの制度には問題もありました。それは従業員の意思を十分に尊重したものとは言えないということです。気がついたら自分の資産運用のやり方が変わっていたなんて、あまり気持ちのいい話ではないですよね。ある意味、バカにしていると言えなくもない。それはよくないということで、こうした「ナッジ」の中には、もう少し丁寧に、人の意思を尊重しながらやらなければいけないものもあるのではないかという議論が出てくるようになりました[127]。

　能動的選択プログラムは、そうした議論の中から出てきたものです。人の自由と尊厳を確保しながら、その意思決定に介入するにはどうしたらよいか。エクスプレス・スクリプツの能動的選択プログラムには二つの特徴があります。

　ひとつは、従業員の方々に選択の意思表示をしてもらっているということです。意思表示を迫ることで、システム2を使って考えてもらっているわけです。それから、従業員に選択の自由を与えています。町の薬局を選ぶのもありとしているわけです。

　もうひとつは、これも皆さんが議論してくれたとおり、意思表示を迫る前後がとても丁寧に設計されていて、従業員の方々のシステム1に対応する

127　選択という行為はシステム2の使用を要求される、手間のかかる作業である。従って手間をかけるコストを踏まえた合理的な行為として、選択をしないという選択をするということがあり得るだろう。人がそのような意思を示している場合には、デフォルトの変更による行動変容に伴う倫理的な問題性は小さい（Sunstein 2015）。しかし重要な選択問題において、人が選択をしないという選択をするのではなく、気がつかないうちに選択をしないことを強いられているとすれば、そこには倫理的な問題が発生するだろう。エクスプレス・スクリプツのケースは、人々に意思表示を強いることで「気がつく」ように誘導すれば、選択をしない選択をする代わりに、選択をする選択をする人が少なくないことを示している（Beshears et al. 2020）。

形になっているということです。電話でナマの声できちんと説明する。丁寧に説明する。町の薬局を選んでも良いと安心してもらう。しかし年間でどれくらい節約できるかということをわかりやすく説明する。意思表示が遅れても急に自宅配送になるわけではないと説明して安心してもらう。従業員の方々を丁重に扱っているのだというサインを山のように送っているわけです。

　システム1で動いている人にその行動を変えてもらうのは、大変なことなのですが、それを実現するにあたって、その人へのリスペクトを忘れないで、その人自身の自律性を可能な限り尊重しながらやっていく。ビジネスをやっていくにあたって、そういう態度を大事にすることが求められるようになってきているという話だったわけです。

講義の終わりに

岩澤 ｜ これで6回に亘る講義はおしまいです。いろいろなケースを議論してきましたが、本質的には共通したテーマを取り扱ってきました。それは「顧客がシステム1に動かされているとき、ビジネスはどのようにそれをマネジメントすべきか?」ということです。我々がやってきた議論をまとめるのは簡単な話ではありませんが、あえて要点をまとめてみると、次のようになります。

　第一に、ビジネスとしては、顧客のシステム1を知ろうとしなければいけないということです。知ろうとしなければ見えてこないですし、知ろうとしてもわからないことも多いので、実験したりするわけです。今回学んだような理論が、理解の手掛かりになるかもしれません。とにかくまずは顧客のシステム1の存在を認識して、それを知ろうとすること。これが一番目です。

　第二に、顧客がシステム1で動いている際には、顧客のシステム1へのアプローチが必要だということです。「システム1をほぐす」という言葉を何度か用いました。いきなりシステム2の問題を切り出しても、顧客の心は動かず、どのような説得も成功しないでしょう。「システム2の前にシステム1」という原則を押さえておきましょう。

第三に、顧客の自由と尊厳を大事にしようということです。顧客のシステム1を相手にビジネスをしていると、そのビジネスが、顧客の真の利益を損なっていることがあるかもしれません。そのとき大事なことは、そのことを顧客が自分でわかったうえで、そうした選択をしているのかということです。顧客が理解しないままに、自分の利益を損なう選択をしているとき、それを放置するのは、顧客の尊厳を傷つけることです。顧客がシステム2を使ってきちんと理解できるようになるまでには、時間と手間暇をかける必要があるかもしれませんが、そうした努力が、長期的には報われることになると思います。

　皆さんの側から、特に印象に残った学び、あるいは今日の感想をおっしゃってください。

d｜「システム1のマネジメント」という言葉を講義の中で聞いたとき、顧客のシステム1を活用してビジネスをうまいことやってやるみたいなことなのかなという印象を受けていたのですが、講義を終わってみたらむしろ逆で、顧客を人間として大事にしよう、顧客の気持ちに寄り添っていこうということで、そこはすごく共感するところがありました。

e｜相手に対して、あなたは間違っているとか、教えてやるとか、そういう態度ではなく、まずは相手と共感して、理解して、そのうえで、でもこういう方法があるよという、その段取りが大事なのだと思いました。顧客に対する接し方の講義だったのですが、部下に対する接し方、上司に対する接し方、どれにもあてはまるものではないかと感じまして、とても参考になりました。

f｜人間の視野に入るものは限られるという話があって、ナッジという話を聞いて、それで思い出したのが免許証更新の際にやらされる、臓器提供の承諾でした。あれは最初に「あなたが必要になったとき、臓器提供を受けたいと思いますか?」と聞かれて、そのうえで「あなたは臓器提供をしますか?」と聞かれるのです。今回習ったような心理学は、世の中で使われていて、我々は結構誘導されているんだと、気を付けなければいけないと感じました。

g｜最後のケースですが、自分としては、相手をこうしたいという意図を持っているのだけれど、それでも、相手に選んでもらう、意思表示をして

もらうというところが、素晴らしいと思いました。

岩澤 ｜ 皆さんのおかげで、とても素晴らしい議論ができたと思います。どうも
ありがとうございました。

著者あとがき

授業でケースを議論する際、私はしばしばスライドで、ケースに登場する人物の顔写真を受講生に示します。人間のシステム1は（本書ではシステム2を邪魔する負の役割に焦点を当ててきましたが）優れた能力を持っていて、人の顔写真は一瞬にしてさまざまなことを連想、想起させるのです。さらに顔写真は人の感情を刺激しますので、それにまつわる記憶を強いものとします。

本書ではJ.C.ペニーのロン・ジョンソンと、エクスプレス・スクリプツのボブ・ニースに、写真つきで登場してもらいました。紙幅の関係などから写真の掲載を見送った、金融庁の森信親長官、eBayのメグ・ホイットマンCEO、X大学のA学長、野村證券の森田敏夫社長の各氏などを含め、これらケースの登場人物を読者が強く記憶していただけているようであれば、おそらく本書の目的は達成されています。

まえがきで予告したように、本書の議論の焦点はビジネスが顧客とどのような関係を結ぶべきかということでした。各ケースが物語る、それぞれの文脈におけるビジネスと顧客との関係のあり方、そしてそれに関する受講生の熱い議論が、読者それぞれの記憶と考察を通じ、そのビジネス上の実践にポジティブで建設的な影響を与えること、そして日本のビジネスをより明るく、より良いものにしていくことに貢献するものとなることを、著者として心から期待しています。

今この、ラベンダーの色調に彩られた本書のゲラ刷りを校正しながら、素敵な本ができあがったものだと幸せな気分でいます。この本ができあがるまでに、著者がどれほどの恩恵を受けてきたかを考えると、その幸運に感謝せずにはいられません。その恩恵のすべてをここに書くことは到底できませんが、本書に特に関係の深い以下の方々に、記してお礼を申し上げたいと思います。

著者は2012年から名古屋商科大学ビジネススクールで勤務していますが、同校でケースメソッドによるビジネス教育の熱烈な支持者かつ実

践者である栗本博行理事長と出会い、大きな影響を受けてきました。特に、理事長の勧め（とスポンサーシップ）で2016年の夏にハーバード・ビジネス・スクールの参加者中心型学習に関する教員研修プログラム（Global Colloquium of Participant-Centered Learning）に参加する機会を得たことは、授業の技術と、授業に臨む精神的態度の両面において、著者に大変強いインパクトをもたらしました。研修の主任を務められたハーバード・ビジネス・スクールのロヒト・デシュパンデ教授が研修の最後に我々に語られた「さて、あなた方は明日からどう行動なさるのですか？」との問いかけは、今でも心に焼きついています。栗本学長、デシュパンデ教授、ありがとうございました。

名古屋商科大学ビジネススクールの授業を「ケースメソッドMBA実況中継」というシリーズで本として刊行するという、この素敵な企画をされたのは、同校教授で、本シリーズ第1巻の著者である牧田幸裕教授です。マーケティングの実務家でもある同教授が紹介されたディスカヴァー・トゥエンティワン社は、魅力的なデザインの、とても読みやすい本に仕上げてくださいました。牧田教授と、千葉正幸編集長をはじめとする同社の方々、ありがとうございました。

最後に本書は、第1章でケースメソッド教育についての導入を記していただいた竹内伸一教授、エピローグを書いていただいた栗本博行理事長、そして（last, but not least）これまで著者の行動経済学の授業に参加していただいた受講生の皆さんとの共著です。本書における「受講生の発言」の部分は、著者が大幅に加筆・編集したものであり、授業の記録そのものではありません。にもかかわらずそこには、受講生の皆さんの様々な発言、笑い、そして表情などの身体的反応が、著者の記憶を通して強く反映されています。竹内教授、栗本理事長、そして受講生の皆さん、本当にありがとうございました。皆さんのおかげでこの素敵な本が世に出ます。

2020年8月
感謝をこめて

岩澤　誠一郎

参考文献

Bateson, Gregory, Don D. Jackson, Jay Haley, and John Weakland (1956), "Toward a Theory of Schizophrenia," *Behavioral Science* 1 (4), 251-254.

Bernoulli, Daniel (1954), "Exposition of a New Theory on the Measurement of Risk," *Econometrica* 22 (1), 23-36. (原著は1738年)

Beshears, John, James J. Choi, David Laibson, and Brigitte C. Madrian (2019), "Active Choice, Implicit Defaults, and the Incentive to Choose," *Organizational Behavior and Human Decision Processes*, forthcoming.

Beshears, John, Patrick Rooney, and Jenny Sanford (2016a), "Express Scripts: Promoting Prescription Drug Home Delivery (A)," *Harvard Business School* 9-916-026.

Beshears, John, Patrick Rooney, and Jenny Sanford (2016b), "Express Scripts: Promoting Prescription Drug Home Delivery (B)," *Harvard Business School* 9-916-040.

Bordalo, Pedro, Nicola Gennaioli, and Andrei Shleifer (2013), "Salience and Consumer Choice," *Journal of Political Economy* 121 (5), 803-843.

Chance, Zoe, Ravi Dhar, Michelle Hatzis, and Michiel Bakker (2016), "How Google Optimized Healthy Office Snacks," *Harvard Business Review*, published on HBR.ORG. (https://hbr.org/2016/03/how-google-uses-behavioral-economics-to-make-its-employees-healthier)

Chetty, Raj, Adam Looney, and Kory Kroft (2009), "Salience and Taxation: Theory and Evidence," *American Economic Review* 99 (4), 1145-1177.

Cicchetti, Charles C. and Jefferey A. Dubin (1994), "A Microeconometric Analysis of Risk Aversion and the Decision to Self-Insure," *Journal of Political Economy* 102 (1), 169-186.

Damasio, Antonio (1994), *Descartes' Error: Emotion, Reason, and the Human Brain.* Putnam. (田中三彦 (訳)、2010『デカルトの誤り 情動、理性、人間の脳』筑摩書房)

De Martino, Benedetto, Dharshan Kumaran, Ben Seymour, and Raymond J. Dolan (2006), "Frames, Biases, and Rational Decision-Making in the Human Brain," *Science* 313, 684-687.

De Martino, Benedetto, Colin F. Camerer, and Ralph Adolphs (2010), "Amygdala Damage Eliminates Monetary Loss Aversion," *Proceedings of the National Academy of Sciences of the United States of America* 107 (8), 3788-3792.

Doyle, Jim (2011), "Why Won't Up to Half of Patients Take Their Medicine?" St. Louis Post-Dispatch (https://www.stltoday.com/business/local/why-wont-up-to-half-of-patients-take-their-medicine/article_d0eaccb6-2a51-500f-b878-980ae4813963.html).

Edmonson, Amy C., and Zhike Lei (2014), "Psychological Safety: The History, Renaissance, and Future of an Interpersonal Construct," *Annual Review of Organizational Psychology and Organizational Behavior* 1, 23-43.

Edwards, Jim and Charlie Minato (2013), "How Ex-CEO Ron Johnson Made JCPenney Even Worse," *Business Insider* (https://www.businessinsider.com/ron-johnson-disaster-timeline-apple-guru-failed-at-jcpenney-2013-4).

French, Kenneth R. (2008), "Presidential Address: The Cost of Active Investing," *Journal of Finance* 63 (4), 1537-1573.

Gennaioli, Nicola and Andrei Shleifer (2010), "What Comes to Mind," Quarterly Journal of Economics 125 (4), 1399-1433.

Gennaioli, Nicola, Andrei Shleifer, and Robert Vishny (2015), "Money Doctors," *Journal of Finance* 80 (1), 91-114.

Gil-Bazo, Javier, and Pablo Ruiz-Verdu (2009) "The Relation between Price and Performance in the Mutual Fund Industry," *Journal of Finance* 64 (5), 2153-2183.

Greenwood, Robin, and Andrei Shleifer (2014), "Expectations of Returns and Expected Returns," *Journal of Financial Economics* 129, 203-227.

Hossain, Tanjim, and John Morgan (2006), "···Plus Shiping and Handling: Revenue (Non) Equivalence in Field Experiments on eBay," *Advances in Economic Analysis and Policy* 6 (2), 1-27.

Huber, Joel, John Payne, and Christopher Puto (1982), "Adding Asymmetrically Dominated Alternatives: Violations of the Regularity and Similarity Hypothesis," *Journal of Consumer Research* 9 (1), 90-98.

Johnson, Eric J., John Hershey, Jacqueline Meszaros, and Howard Kunreuther (1993), "Framing, Probability Distortions, and Insurance Decisions," *Journal of Risk and Uncertainty* 7 (1), 35-51.

Kahn, William A. (1990), "Psychological Conditions of Personal Engagement and Disengagement at Work," *Academy of Management Journal* 33 (4), 692-724.

Kahneman, Daniel (2003), "Maps of Bounded Rationality: Psychology for Behavioral Economics," *American Economic Review* 93 (5), 1449-1475.

Kahneman, Daniel (2011), *Thinking, Fast and Slow*. Farrah, Straus, and Giroux. (村井章子(訳)、2014 『ファスト＆スロー あなたの意思はどのように決まるか？』早川書房)

Kahneman, Daniel, and Mark W. Riepe (1998), "Aspects of Investor Psychology," *Journal of Portfolio Management* 24 (4), 52-65.

Kahneman, Daniel and Amos Tversky (1979), "Prospect Theory: An Analysis of Decisions Under Risk," *Econometrica* 47 (2), 263-291.

Karlsson, Niklas, and George Lowenstein (2009), "The Ostrich Effect: Selective Attention to Information," *Journal of Risk and Uncertainty* 38, 95-115.

Lewis, Michael, Vishal Singh, and Scott Fay (2006), "An Empirical Study of the Impact of Nonlinear Shipping and Handling Fees on Purchase Incidence and Expenditure Decisions," *Marketing Science* 25 (1), 51-64.

Markoff, John (2012), "How Many Computers to Identify a Cat? 16,000" *New York Times* (https://www.nytimes.com/2012/06/26/technology/in-a-big-network-of-computers-evidence-of-machine-learning.html)

Odean, Terrance (1998), "Are Investors Reluctant to Realize Their Losses?" *Journal of Finance* 53 (5), 1775-1798.

Ofek, Elie and Jill Avery (2015), "J.C. Penney's "Fair and Square" Strategy (Abridged)," *Harvard Business School* 9-514-603.

O'Toole, James (2013), "J.C.Penney CEO Ron Johnson Out After Troubled Tenure," *CNN Business* (https://money.cnn.com/2013/04/08/investing/ron-johnson-jc-penney/)

Prelec, Drazen (1998), "The Probability Weighting Function," *Econometrica* 66 (3), 497-527.

Shiv, Baba, Ziv Carmon, and Dan Ariely (2005), "Placebo Effects of Marketing Actions: Consumers May Get What They Pay for," *Journal of Marketing Research* 42, 383-393

Smith, Michael D. and Erik Brynjolfsson (2001), "Consumer Decision-Making at An Internet Shopbot: Brand Still Matters," *Journal of Industrial Economics* 49 (4), 541-558.

Stanovitch, Keith E., and Richard F. West (2000), "Individual Differences in Reasoning: Implications for the Rationality Debate," *Behavioral and Brain Sciences* 23, 645-665.

Sunstein, Cass (2015), *Choosing Not to Choose: Understanding the Value of Choice*, Oxford University Press.

Thaler, Richard (1985), "Mental Accounting and Consumer Choice," *Marketing Science* 27 (1), 15-25.

Thaler, Richard H., and Cass R. Sunstein (2008), *Nudge: Improving Decisions about Health, Wealth, and Happiness.* Yale University Press. (遠藤真美 (訳)、2009『実践 行動経済学』日経BP社)

Tversky, Amos, and Daniel Kahneman (1971), "Belief in the Law of Small Numbers," *Psychological Bulletin* 76, 105-110.

Tversky, Amos and Daniel Kahneman (1973), "Availability: A Heuristic for Judging Frequency and Probability," *Cognitive Psychology* 5, 207-232.

Tversky, Amos, and Daniel Kahneman (1974), "Judgment under Uncertainty: Heuristics and Biases," *Science* 185 (4157), 1124-1131.

Tversky, Amos and Daniel Kahneman (1981), "The Framing of Decisions and the Psychology of Choice," *Science* 211, 453-458.

Tversky, Amos, and Itamar Simonson (1993), "Context Dependent Choices," Marketing Science 39 (10), 1179-1189.

Willman, Paul, Mark Fenton-O'Creevy, Nigel Nicholson, and Emma Soane (2001), "Traders, Managers and Loss Aversion in Investment Banking: A Field Study," *Accounting, Organizations and Society* 27 (1-2), 85-98.

岩澤誠一郎 (2018)「国内機関投資家の日本株への資産配分変動とその非合理性」証券経済研究102、63-82.

金融庁 (2012)「金融商品取引業者等向けの総合的な監督指針 (抄)」. (https://www.fsa.go.jp/news/23/syouken/20120215-2.html#bessi)

金融庁 (2017a)「顧客本位の業務運営に関する原則」(https://www.fsa.go.jp/news/28/20170330-1/02.pdf)

金融庁 (2017b)「平成28事務年度 金融レポート」. (https://www.fsa.go.jp/news/29/20171025.html)

金融庁 (2018)「各金融事業者が公表した「顧客本位の業務運営」に関する取組方針・KPIの傾向分析」.https://www.fsa.go.jp/news/29/sonota/20170728/bunseki.pdf

大和住銀投資顧問 (2018)「日本株アルファ・カルテット（毎月分配型）販売用資料2018年6月」.（https://www.maruhachi-sec.co.jp/cms/syohin/dl.php?filename=news_file1_1540292053.pdf）

投資信託協会 (2020)「2019年度投資信託に関するアンケート調査報告書」.

（https://www.toushin.or.jp/statistics/report/research2019/）

友野典男 (2006)『行動経済学　経済は「感情」で動いている』光文社.

永沢裕美子 (2017)「投資信託の現状と課題〜長期の資産形成のために」月刊資本市場No.386、42-50.

沼澤拓也 (2013)「進化するPOP広告！販促ツールから戦略的パートナーへ（3）」.（http://poporigin.com/pop-channel/2013/09/13/136.php）

広岡延隆 (2017)「投信販売、背水の陣 顧客本位に変われるか」日経ビジネス2017年6月12日号.

森信親 (2017)「日本の資産運用業界への期待」証券アナリストジャーナル55（9）、10-17.

山崎元 (2017)「森金融庁長官3年目の責務は「毎月分配型投信の撲滅」だ」ダイヤモンド・オンライン2017年7月19日.（https://diamond.jp/articles/-/135574）

Epilogue

おわりに

栗本博行

名古屋商科大学 理事長

正解のない問いに向き合うMBA教育

　MBAの教室ではよく極端な質問が投げかけられる。たとえば、「あなたがケースの主人公なら、部下から打ち明けられた15年前の不正取引を公表しますか？それともそのまま黙殺しますか？」といった問いである。無論、そこに絶対的な正解「The Answer」はない。

　そもそもビジネスにおける正解とは何かを考えれば想像がつくと思うが、誰しも自分の行動を「正しい」と信じて決断しつつも、後日になって別の選択肢に心が揺らぐことなど日常茶飯事である。決断力や判断力というものは、絶対的な正解や正義を前提にしてしまいがちだが、微妙に状況が異なれば結論は変わるものである。そう考えると、MBA教育が目指すべきは、「正解」そのものや「正解」を探す能力を高める場ではなく、失敗を恐れない、もしくは失敗から学ぶ「姿勢」を身につける場と言い換えてもいいだろう。

　本書籍シリーズはアジアにおけるマネジメント領域の教育研究の拠点として名商大ビジネススクールが取り組む「私立大学研究ブランディング事業」の成果報告として執筆するものである。今回はその第一弾として、ヒト（リーダーシップ）、モノ（経営戦略とマーケティング）、カネ（行動経済学）、およびチエ（ビジネスモデル）の4つの視点での構成とした。

　いずれもMBAの必須科目であると同時にマネジメント教育の先端領域でもある。類似の書籍も存在するが、それらの多くは経営コンセプトの「解説書」であり、いわゆる座学の域を出ていない。本書籍シリーズが目指しているのは、MBA候補生がケースメソッドと呼ばれるダイナミックな学修を通じて次世代のリーダーとして成長する姿を追体験する点にある。まずはご協力いただいた教授陣のみならず参加者の方々や事務局スタッフの方々にもこの場をもって厚く御礼申し上げたい。

　前述のように、MBA教育とは、経営学に関する専門知識や能力獲得

の場ではなく、リーダーの内面に宿る姿勢そのものを育む場であるべきだ。最新のケースや流行の理論を追いかけることを慎みつつ、高等教育機関がそして研究者が教室内でいかに「理論」と「実践」のバランスを保つべきか？本学はその問いに向き合う中で「ケースメソッド」と出会った。

　質の高いマネジメント教育を追求するうえで「参加者中心型」の討議を行うケースメソッド以外の教育手法を否定する意図はないが、教科書片手に教員の自説が朗々と解説される教室で優れたリーダーが育つ状況を想像し難いのは私だけではないだろう。事実、100年以上の長きにわたり世界中のリーダー教育で愛され続けてきたこの教授法を追求する過程で、数多くの素晴らしい研究者と出会い有意義な出来事を経験した。本書はこうした取組の一端を少しでも多くの方々に触れていただける機会を提供するものである。

誤解だらけのMBA教育

　MBA教育とはリーダー教育であり、いかに優れたリーダーを育成するかが世界中のビジネススクールに与えられた永遠の課題である。一方で、MBAの入試面接の場で「経営の知識」を求めてMBAの扉を叩く志願者に幾度となく遭遇する。もし経営の知識を手に入れたいのであれば、MBAという2年間の学修期間よりもはるかに短期間で確実かつ安価に達成可能な別の方法をお薦めしたい。私たちが理想とするMBA教育とは、不確実かつ限られた情報で苦渋の決断を下す経営者の意思決定を追体験しながら、リーダーとしての姿勢を高める場所である。

　その前提での話題となるが、「ビジネススクール＝MBA教育」という単純な話ではない、という点をまず明確にしておきたい。多くの方々がMBAと聞くと、名だたるリーダーを育成してきたHarvard Business School（以下、HBS）を想起するだろう。しかしながら、HBSは大学院課程と非学

位課程の社会人教育に焦点を当てており、それはビジネススクールとしてのひとつの形態である。ビジネススクールとはマネジメント教育に関する学士課程、修士課程、博士課程、および非学位課程を提供する高等教育機関であり、… School of Business、もしくは、… School of Managementとして活動する形態が一般的である。たとえば、HBSから徒歩圏に位置するMIT Sloan School of Managementなど多くの名門ビジネススクールは学士課程から博士課程まで幅広い参加者を対象としたマネジメント教育を提供している。

表1 | **ビジネススクールが提供する学位の基本類型**

	学士課程	修士課程	博士課程
研究志向	BSc	MSc	PhD
実践志向	BBA	MBA	DBA

　学位の視点で整理すると、世界のビジネススクールでは経営学に関する学士号（BSc/BBA）、修士号（MSc/MBA）、および博士号（PhD/DBA）を授与しているのが通例である。そして少し乱暴ではあるが、それらの教育課程は「研究志向（BSc/MSc/PhD）」と「実践志向（BBA/MBA/DBA）」に区分可能で、前者は学術色の濃い研究者養成型であり、対する後者は実践色の濃い実務家養成型である。さらに、育成する人材像に応じて参加要件としての実務経験を設定する場合が多く、10年程度[i]の実務経験を必要とするExecutive MBA、5年以上の実務経験を必要とするDBA[ii]、3年以上の実務経験を必要とするMBA[iii]、そして実務経験を必要としないPhD、MSc[iv]、BBA、およびBScとに区分される。

　領域の視点で整理すると、MBAは実践的なマネジメント教育を網羅的に提供する場であるのに対して、MScは特定領域における専門教育を体系的に提供する場と定義できる。したがって、MBAは組織全体を俯瞰した意思決定を行う人材の養成を目的としているのに対して、MScは企業の特定領域（例えば財務、会計、金融、生産、流通、税務、販売、および経営分析な

ど）における高度な専門知識を有する人材の養成を目的としており、学位
名称も領域名を付与して表記（例、MSc in Finance）するのが通例である。

　最後に、期間の視点で整理すると、大学院は2年間（欧州では1年から
1.5年）の学修期間を要する学位課程と、数日間から数ヶ月間といった短
期間で完結する非学位課程とに分類可能である。後者は多忙な管理
職を対象に特定領域の話題に焦点を当てた授業が集中講義形式で行
われることが多く「Executive Education」として提供されている。非
学位課程とはいえ学位課程の担当教員が教鞭をとる場合や、ビジネスス
クールが正式に提供する教育課程であることを示すために、履修証明書
（Certificate）が付与される場合が多い。ちなみに、あまり知られていない
事実だが、MBAランキング上位校ほど、非学位課程によるリーダー教育
が財政面における大黒柱となっている傾向にある。

　以上の議論を踏まえると、いったい何を基準にMBAという「学位」に
相当する教育課程とみなせるのか、その境界線は実際のところ不明瞭であ
り誤解も多い。国内ビジネススクールでこうした点を正確に理解して教育
課程を展開している大学は、残念ながら少数派と言わざるを得ない。経
営系のコンテンツを扱っていれば、とりあえず「MBA」と称する怪しげな
基準に基づいたMBAが巷に溢れかえっているのが実情であり、国際的な
基準で学位の品質を評価し認証する仕組みの重要性は高まっている。

i　Executive MBAの参加要件については明確な基準は存在しないが、MBA（実務経験3年以上）
　と区分するために実務経験10年程度に設定されることが一般的である。
ii　国際認証機関Association of MBAs（AMBA）が定めるDBA criteria for accreditation 5.3
　に基づく。
iii　DBA同様にAMBAが定めるMBA criteria for accreditation 5.3に基づく。
iv　マネジメント領域を体系的に扱う場合の学位はMaster of Science in Managementとなり
　MScM/MIM/MSMと略されることが多い。

名商大ビジネススクールの教育

　次に名商大ビジネススクールの母体となる名古屋商科大学の生い立ち
を簡単に紹介する。

　創立者の栗本祐一氏はアルバータ大学で教育を受けて「Frontier
Spirit」を胸に帰国後、1935年に名古屋鉄道学校を創立。鉄道事業と
いう当時の国家的インフラ事業に貢献する人材育成の一翼を担った。しか
し戦争で全てを失い、食べる物も、着る物も、住む場所も失った焼け野
原を見て、商業で日本経済を支える人材を育成することを決心。関東の
東京商科大学（一橋大学）、関西の神戸商業大学（神戸大学）に対応し
て「商科大学」不在の中部地区に、名古屋商科大学を設立（1953年）
した。その後、名古屋商科大学は社会人教育を確立するための第一歩
として大学院を設立（1990年）して、伝統的な欧米ビジネススクールとの
提携交流を通じながらリーダー教育の理想型を模索し続けてきた。

　そして、本学の教育の方向性を決定づけた出来事はカナダに拠点を
持つIVEY Business School（以下、「IVEY」）との出会いと国際認証へ
の挑戦であった。IVEYはカナダのオンタリオ州西部のロンドン（人口30万
人）に位置する教員100名規模の国際認証校であり、世界的にも高い評
価を有する高等教育機関である。本学が教育課程の開発においてIVEY
に注目したのは、大学院教育のみならず学部教育においてもケースメソッ
ドでマネジメント教育を展開して、さらには先進的な社会人教育を香港で
も展開していたためである。ちなみに、私がIVEYの香港校を訪問して最
も印象的だったのは、一年次の教室サイズよりも二回り小さな二年次用の
教室であった。なぜ教室サイズが異なるのか?という私の問いかけに対して
「全員が二年次に進級できるほど甘くはない」と微笑んだ責任者の顔は
今でも鮮明に記憶している。

名商大ビジネススクール小史

1990 │ 大学院修士課程として設置認可
2000 │ 社会人を対象とした教育課程の拡充開始
2002 │ ケースメソッドを全面採用
2003 │ Executive MBA開設
2005 │ 英語MBA開設
2006 │ AACSB国際認証取得
2009 │ AMBA国際認証取得
2015 │ ケースメソッド専用タワーキャンパス完成
2018 │ ケースメソッド研究所設立
2018 │ オンラインでの遠隔ディスカッション授業開始
2019 │ 日本ケースセンター運営開始

学部でも活用されるケースメソッド教育

　MBA教育に参加するためには実務経験を有することが望ましいが、ケースメソッド教育に参加するために実務経験が必要という意味ではない。事実、前述のIVEYのみならず学部教育においてケースメソッドを採用しているビジネススクールは世界に数多く存在している。特に学部版MBAともいえるBBA（Bachelor of Business Administration）は米国、カナダ、フランス、香港では人気の教育課程として知られ、ケースメソッドで授業が提供される場面が多い。

　名古屋商科大学は長年のMBA教育で培った教育手法を学部教育に展開すべく、国内で初の試みとしてBBA（日本語）とGlobal BBA（英語）を提供している。教養科目から専門科目まであらゆる授業にケースメソッドを適用するにはいくつかの工夫が必要となるが、原理原則はMBAと同一である。80名の学部生が授業前にケースを「予習」して、教員の問い

かけに対して一斉に「挙手」して発言する姿は鳥肌ものである。思わず学生時代を振り返って、果たして当時の自分にあれができただろうか?と自問自答してしまう。

　こうした本学の実践例を別にすると、国内でケースメソッドを採用しているのは一部の経営大学院と企業内研修においてのみである。今後は学部教育課程や高等学校教育課程においてもアクティブラーニングと呼ばれる参加者中心型の「学修手法」を実現する「教育手法」として浸透することが期待される。この領域は無理、この人数は無理、実務経験がないと無理……などといった形で、教員がケースメソッドに拒否反応を示す数多くのパターンを見てきたが、それは決められた流れで授業を「安全運転」したがる教員側の反射的な反応である。しかしながら、学問領域がその教育手法や研究手法を決定することはない。

ビジネススクールに対する批判

　マギル大学（McGill University）の経営学者ミンツバーグ教授（Henry Mintzberg）が『Managers Not MBAs（邦訳：MBAが会社を滅ぼす）』においてマネジメントとは本来、クラフト（経験）、アート（直感）、サイエンス（分析）の3つを適度にブレンドすべきであると主張し[v]、サイエンスに偏りすぎたマネジメント教育に対する警鐘を鳴らしたことは知られている。サイエンス偏重の教育でまともな管理職育成ができるのか?という主張である。また、ミンツバーグの批判と表裏一体の存在が「MBAランキング」である。誤解を恐れずに表現するならば、MBAランキングとは「費用対効果ランキング」であり、MBAランキングの代表格であるFTランキングは、調査項目全体に占める卒業生の年収関連項目の比率が40%を超え、教育ROIすなわちValue for moneyか否かという点を重視している。当然ながら授業料を早期に回収可能な「ホット」な業界に修了生を送り続けるインセン

ティブがビジネススクールに対して働き、MBA教育はコンサルタントと投資銀行家を育てる「花嫁学校」とまで揶揄されたことがある。

　同時に彼はケースメソッドに関しても『ストーリーとしてのケース、経験の記憶としてのケースは役立つ場合もあるが、そのためには歴史的経緯を含めて、複雑な現実を尊重することが条件になる。ケースメソッドは実体験を補足するものであって、実体験の代用品になるものではない』と注文をつけている。リアルなシミュレータ訓練だけでライバルに勝てるほど現実社会のレースは甘くない。スポーツでの敗北はビジネスでは倒産を意味する。多くの経営者が、判断力、決断力、行動力よりも「このままでは倒産するかもしれない」という恐怖を感じる感性こそが「経営力の源泉」と振り返ることが多いが、果たしてケースメソッドでそこまでの没入感を持った授業を展開できているだろうか?今一度、教員も自問自答する必要がある。

　訓練（教室）で実践（実務）さながらの恐怖感を体験することはできない、同様に実践で訓練ほど安全に失敗することはできない。訓練と実践との往復で高められた感性こそが重要であり、どちらかひとつに偏ることは望ましくない。しかしながら、米国ではMBA課程の入学者に対して実務経験を求めることは少なく、学部卒業直後に入学することも可能である。またそのMBA課程も平日昼間に授業を行うフルタイム型が主流であり、訓練しながら実践する機会は限られている。したがって、実務経験を持たないMBA取得者が管理職候補として採用/厚遇される例は珍しくない。こうした現実をミンツバーグ教授が疑問視した3年後に、MBAが「世界」を滅ぼしかねない状況が生じた。

v　Mintzberg, H. (2005). Managers Not MBAs: A Hard Look at the Soft Practice of Managing and Management Development. Berrett-Koehler Publishers.

国際認証の視点

　名商大ビジネススクールが国際認証の取得を通じて得た視点とは、スクールミッションを実現させるための「動力源」をいかに内部化させるか？である。すなわち「科目」ごとにミッションとの関わりでの存在理由を与え、属人的になりやすい教育内容／手法にまで踏み込んだ改善を継続的かつ組織的に実施する仕組みづくりである。ビジネススクールを世界規模で認証する組織としてAACSB、AMBA、EQUISが3大国際認証機関と呼ばれ、これら国際認証の取得には教育課程、学修達成度、および研究実績などに関して定められた国際基準を満たすことが求められる。国や地域が異なれば学校教育制度も異なるため「MBA教育とは何か？」もしくは「高等教育機関におけるマネジメント教育とは何か？」という本質的な問いに対する国際基準としての役割を尊重して、世界のビジネススクールの約5％がこの国際認証に取り組んでいる。

　当然ながら国際認証機関ごとに重視領域は異なるのだが、3つの国際認証に共通しているのは、ミッション主導型の国際的な教育研究が求められる点である。ビジネススクールは人材育成目標から学習到達目標（Learning Goals, 以下「LG」）を導出して、LGを達成させるためのコンテンツを教育課程として構築しなければならない。そして教育成果としての参加者のLG到達度を教員が直接測定しながら、その改善に向けて教育課程を再検討していくプロセスがAoL（Assurance of Learning）と呼ばれている。まさにミッションを実現させるために教育課程が存在するという大前提を教員自らが理解して、その実現に向けて組織的に行動することが求められるのである。

　米国を拠点とするAACSBは大学のミッションを重視する機関として知られている。LGはミッションから「導出可能」かつ「測定可能」な要素であることが求められる。さらに、LGは特定の学問領域に対する理解度

／知識量ではなく、学位課程の履修を通じて育成されるべき測定可能な行動特性（コンピテンシー）とするのが共通理解である。AACSBは「機関認証」を行うため、マネジメント教育を提供する学部教育と大学院教育が一体で認証を取得する必要がある。それは、ビジネススクール教育に関する長年の歴史を有する欧米社会では、前述の通り学部と大学院は不可分の存在と考えられているためである。しかしながら、日本国内ではビジネススクール教育が2000年以降の専門職大学院制度をきっかけとして広まった経緯から、ビジネススクール＝経営大学院として解釈されることが多い。間違いとはいえないが、海外からの訪問者には理解されにくいだろう。

　一方で英国を拠点とするAMBA（Association of MBAs）の場合は、MBA教育に特化した「課程認証」を実施して、教育課程の細部にわたり審査を行うのが特徴である。MBA教育とはいかにあるべきか、という点に強いこだわりを持ち、実務経験年数や年間入学者数に関しても厳格な条件を設定していることで知られている。AMBAの最大の特徴は、MBA教育を通じて育成されるべき13の行動特性が明確に規定されており、それらが全参加者に対する必須科目群（コアカリキュラム）でなければならない点である。MBAの三文字を冠した学位を提供する教育課程は自動的に認証審査の対象となり、5年ごとに実施される実地審査においては、どの科目がAMBAの規定する13領域に対応しているのか、使用したケースまで精査されることになる。加えて、国際的に活動する企業や教育機関との交流ネットワークがどの程度機能しているかを重視するのもAMBAの特徴である。

　そして欧州を拠点とするEFMDが提供するEQUIS認証は、ビジネススクールの教育、研究、および運営における国際性について重点的に審査する傾向にある。あらゆる側面において国際化が求められるため、英語での学位課程（MBA/MSc）を提供していることが実質的に不可欠とも考えられている。その中でも国内ビジネススクールにとって最も難易度の高い課題は「研究成果の国際性」であろう。単に論文が英語で書かれていれば良いのではく、引用頻度の高い（他の研究に影響を与える可能性の高

い）査読誌への掲載が競争領域である。EQUISは教員に対して国際的な「研究者」であることを求めるのである。当然ながらこの認証基準に対応可能な教員は限られているため、国内外から優秀な研究者を採用することが求められる。さらにEQUISは、企業倫理、ガバナンス、および持続可能な経営といったリーマンショックに対応したテーマを重点要域としていることでも知られている。

このように、どの国際認証機関も審査領域を差別化しているため、各ビジネススクールはミッションと親和性の高い認証を選択したうえで、改善していくべき戦略項目に数値目標を設定して、教員組織がその目標に向かっていくことが求められている。

倫理を教え始めたビジネススクール

最後に、これら3つの国際認証機関とコアカリキュラムとの関連で注目すべきは「企業倫理」に対するアプローチである。リーマンショックの後に、ビジネススクールはこの金融危機に対して「有罪」なのか、それとも「無罪」なのかという責任論が、AACSBをはじめとする認証機関の国際会議で幾度となく議論された。事実、金融危機の舞台となったウォール街の住人を育成していたのは他ならぬビジネススクールであった。高額なビジネススクールの授業料を卒業後に回収すべく、卒業生は高収入が期待できる金融街に職を求め、またビジネススクールもその金融街のニーズを教育課程に反映させて、ファイナンス教育に力を入れていたのである。

ビジネススクールが有罪とは少々乱暴な表現ではあるが、「会社というのは金儲けを行うための道具だ」という企業用具説なる立場が存在する。ミンツバーグの指摘が予言したように、MBA教育が提供した経済合理性を追求するサイエンスを極限まで駆使した結果、リーマンショックを引き起こ

したという考え方である。ビジネススクールはこれを教訓にできないのか？
高等教育機関として無力なのか？という議論に対してAACSB、AMBA、
EFMDがともに到達した答えが「ビジネス倫理」である。

　倫理を教室で「教える」ことは到底不可能であろう、そもそも倫理とは
業界、地域、宗教、時代、など多くの要因によって影響を受ける領域で
あり、そこに「The Answer」などない。と同時に、倫理と接点を持たな
い学問領域など存在しないのも事実である。例えば、話題のBig Dataや
AIであれば、経営者としていかに情報資産と向き合うか（大学生の就職活
動データを販売対象とするか否か）など、倫理面からのアプローチは教員の腕の
見せ所である。倫理的な問いかけを特定の科目や特定の教員に押しつけ
るのではなく、体系的に構築された教育課程全体でいかに向き合うかが
今のビジネススクールに求められている。

今後のコアカリキュラムの動向

　コアカリキュラムとは必修科目群であり、ビジネススクールとしての共通し
た到達目標である。したがって、コアカリキュラムは学問領域ではなく、ミッ
ションを追求するうえで育成すべき行動特性から定義されるべきである。
そして理想形としての行動特性は時代とともに変化することを意識しておか
なければならない。近年の動向としては、卒業後の進路が従来の金融街
から新興IT企業へと変化している点を意識して、起業家育成、デザイン
思考、デジタル変革、女性リーダーなどに対応したコアカリキュラムの開発
が求められている。

　コアカリキュラムに関連して、その開講形式、教授法、および参加者に
も変化がみられる。まず、開講形式については一時的にせよ離職すること
が必要なフルタイム型から、働きながら学び直すことが可能なパートタイム

型に移行している。次に、教授法についても伝統的な教室内での対面式授業から、最新技術を活用したオンラインの要素を組み合わせることが不可避になっている。最後に、MBA参加者の多様性が飛躍的に高まっている点など、ビジネススクールを取り巻く環境は確実に変化している。

時代が変われば、育成すべき人材像も変わり、ミッションも変わり、コアカリキュラムも変わり、教員の意識や教授法も変化しなければならない、という当たり前の基本姿勢が国内ビジネススクール運営に携わる者にとって共有されることを願っている。

オンライン授業への挑戦

2020年3月7日に開催されたFD会議 [vi] は緊張感に溢れていた。話題は公衆衛生悪化に伴う遠隔授業への全面移行に関する情報提供である。2月下旬には交換留学生の出入国が困難となり、状況の悪化を察知した多くの国際認証校は遠隔授業への移行準備を水面下で進めていた。遠隔授業を実施するための設置基準上の要件は承知していたが、学生の反応は未知数の状態での準備である。どうすれば討論型授業が遠隔で成立するのか？私たちに残された準備期間は1ヶ月、会議では8名の遠隔授業の担当経験者が自らの体験談を語り、互いを勇気づけていた。[vii]

遠隔授業は3種類（同期型/収録型/配布型）存在して、玉石混交の状態であるがゆえにその教育効果に懐疑的な立場の教員は少なくない。私たちは教室空間と同一の機能を仮想空間に求めるのではなく、教育機関としての原点に立ち返ることを重視した。特に、教室空間を最大限活用するケースメソッド授業を仮想空間で実践するためには、未成熟なシステムを批判するのではなく「入手可能な環境で最高の授業を提供する」柔軟な姿勢が必要不可欠であった。FD会から3日後の3月10日、ハーバー

ド大学は学部および大学院の授業を3月23日の新学期から遠隔方式に切り替えることを公表した。

　心の支えは、教育を継続しようとする強い信念、ライブ型遠隔授業の運用実績（厚生労働省委託事業）、遠隔授業に関するHBSPからの情報提供 ⅷ、そして長年に亘り継続してきたノートパソコン無償譲渡制度であった。残された1ヶ月、教員は情報交換と検討会を重ね、職員も学生への説明会を繰り返しながら、授業参加、出席確認、定期試験、および成績評価に関する方針を練り上げた。新年度のめどが立ち、実施体制の報告を行うべく竹内伸一教授と文部科学省に向かったのは、非常事態宣言の発令直前の3月27日であった。そして授業開始まで6時間を切った4月5日の深夜、ライブ配信用の遠隔スタジオが30室完成した。

　5大陸33カ国から学生が参加した春学期は当初予定通りの日程で完了し、授業満足度は前年度の教室授業と同一の数値となり、出席率は大幅に高まる結果となった。ケースメソッド授業は豊かな学修経験を提供すると同時に教育機関を強くする、そう実感した春であった。

最後に

　ビジネススクールがリーダー教育を行ううえで、避けて通れないのがケースメソッドの実践である。ケースメソッドのみがリーダー教育と主張することは慎むが（若干内心そう思っている）、この手法を教育文化として組織的に実

ⅵ　Faculty Developmentの略、大学教員の能力を高めるための実践方法を検討する会議。
ⅶ　名古屋商科大学の遠隔授業に関する詳細な報告は以下を参照されたい。IDE大学協会編『IDE現代の高等教育』第623巻（2020年8-9月号）pp.20-22
ⅵ　https://hbsp.harvard.edu/inspiring-minds/8-tips-for-teaching-online（Harvard Business School Publishing 3/29/2019）

践するためには、資源ベースの観点でハード・ソフト・コンテンツの3要素が鍵となる。ハードとは教育装置としての教室や黒板、ソフトとは教員および参加者、そしてコンテンツとは教材としてのケースであり、これら必要条件としての3要素を教育目的の下で有機的に機能させる「チカラ」が働かなければ定着は困難である。名商大が約30年間の経営大学院としての歩みの中でケースメソッドと出会い、教育文化として定着させる一環で教育学（Pedagogy）のチカラを借り、教員構成の1領域として内包できるのは、高等教育機関として極めて名誉なことである。

　繰り返しになるが、MBA教育とはリーダー育成の場である。会社や社会を幸せにしたいと本気で願う者が集い、討議し、内省し、信念を形成する場。制約が強い状況でいかにリーダーとして選択し行動すべきかについて考える精神修行の場でありたい。私たちが追い求めるマネジメント教育とは社会を豊かにするリーダーを育成するための学問、決してその理論や知識を自慢げに振りかざすための「道具」ではない。

　最後にもう一言だけ、MBAを目指す友人たちに。今こそ「自分と向き合え」。それはリーダーの宿命、あなた方の運命だ。

名古屋商科大学 理事長

栗本 博行

NUCB BUSINESS SCHOOL ｜ケースメソッド MBA 実況中継 04

行動経済学
Behavioral Economics

発行日　2020年9月25日　第1刷

Author

岩澤誠一郎

第1章執筆
竹内伸一（名古屋商科大学ビジネススクール教授）
おわりに執筆
栗本博行（名古屋商科大学理事長）

Book Designer

加藤賢策　守谷めぐみ（LABORATORIES）

Publication

株式会社ディスカヴァー・トゥエンティワン
〒102-0093　東京都千代田区平河町2-16-1
平河町森タワー11F
TEL 03-3237-8321（代表）
　　　03-3237-8345（営業）
FAX 03-3237-8323
http://www.d21.co.jp

Publisher

谷口奈緒美

Editor

千葉正幸（編集協力｜新田匡央）

Publishing Company

蛯原昇　梅本翔太　原典宏　古矢薫　佐藤昌幸
青木翔平　大竹朝子　小木曽礼丈　小山怜那
川島理　川本寛子　越野志絵良　佐竹祐哉
佐藤淳基　志摩麻衣　竹内大貴　滝口景太郎
直林実咲　野村美空　橋本莉奈　廣内悠理
三角真穂　宮田有利子　渡辺基志　井澤徳子
小田孝文　藤井かおり　藤井多穂子　町田加奈子

Digital Commerce Company

谷口奈緒美　飯田智樹　大山聡子　安永智洋
岡本典子　早水真吾　三輪真也　磯部隆
伊東佑真　王廳　倉田華　榊原僚　佐々木玲奈
佐藤サラ圭　庄司知世　杉田彰子　高橋雛乃

辰巳佳衣　谷中卓　中島俊平　西川なつか
野崎竜海　野中保奈美　林拓馬　林秀樹　牧野類
三谷祐一　元木優子　安永姫菜　青木涼馬
小石亜季　副島杏南　中澤泰宏　羽地夕夏
八木眸

Business Solution Company

蛯原昇　志摩晃司　藤田浩芳　野村美紀　南健一

Business Platform Group

大星多聞　小関勝則　堀部直人　小田木もも
斎藤悠人　山中麻吏　伊藤香　葛目美枝子
鈴木洋子　福田章平

Corporate Design Group

松原史与志　岡村浩明　井筒浩　井上竜之介
奥田千晶　田中亜紀　福永友紀　山田諭志
池田望　石橋佐知子　石光まゆ子　齋藤朋子
俵敬子　丸山香織　宮崎陽子

Proofreader

文字工房燦光

DTP

ISSHIKI

Printing

大日本印刷

- 定価はカバーに表示してあります。本書の無断転載・複写は、著作権法上での例外を除き禁じられています。インターネット、モバイル等の電子メディアにおける無断転載ならびに第三者によるスキャンやデジタル化もこれに準じます。
- 乱丁・落丁本はお取り替えいたしますので、小社「不良品交換係」まで着払いにてお送りください。
- 本書へのご意見ご感想は下記からご送信いただけます。
http://www.d21.co.jp/inquiry/

ISBN978-4-7993-2671-8
©Seiichiro Iwasawa, 2020, Printed in Japan.

人と組織の可能性を拓く
ディスカヴァー・トゥエンティワンからのご案内

本書のご感想をいただいた方に
うれしい特典をお届けします！

特典内容の確認・ご応募はこちらから

https://d21.co.jp/news/event/book-voice/

最後までお読みいただき、ありがとうございます。
本書を通して、何か発見はありましたか？
ぜひ、感想をお聞かせください。

いただいた感想は、著者と編集者が拝読します。

また、ご感想をくださった方には、お得な特典をお届けします。